les clés du bonheur : Pratiques pour une vie épanouissante

Pascal Leroy

Published by Pascal Leroy, 2024.

While every precaution has been taken in the preparation of this book, the publisher assumes no responsibility for errors or omissions, or for damages resulting from the use of the information contained herein.

LES CLÉS DU BONHEUR : PRATIQUES POUR UNE VIE ÉPANOUISSANTE

First edition. March 27, 2024.

ISBN: 979-8224109258

Written by Pascal Leroy.

Table des Matières

Les Clés du Bonheur Intérieur :

Pratiques pour une Vie Épanouissante

Écrit et illustré par Pascal Leroy

Les Clés du Bonheur Intérieur : Pratiques pour une Vie Épanouissante

Aperçu

"Bonheur Intérieur : Pratiques pour une Vie Épanouissante" est un livre qui explore les différentes facettes du bonheur intérieur et propose des pratiques pour cultiver une vie épanouissante. Le livre est divisé en huit chapitres, chacun abordant un aspect clé du bonheur intérieur. Le premier chapitre examine la définition du bonheur intérieur, les différents aspects qui le composent, les obstacles qui peuvent entraver notre bonheur et les bienfaits d'une vie épanouie. Les chapitres suivants explorent des thèmes tels que la gratitude, la paix intérieure, l'amour de soi, la pleine conscience, les relations harmonieuses, trouver sa passion et son but dans la vie, et exprimer sa gratitude envers les autres. Chaque chapitre propose des pratiques concrètes pour cultiver ces aspects du bonheur intérieur et met en évidence les bienfaits qu'ils peuvent apporter à notre bien-être global. Que vous cherchiez à améliorer votre bonheur intérieur ou à trouver des moyens concrets pour vivre une vie épanouissante, ce livre vous guidera sur le chemin de la réalisation personnelle et du bien-être durable.

Le bonheur intérieur est un état d'être recherché par de nombreuses personnes, mais il peut sembler insaisissable. Dans "Bonheur Intérieur : Pratiques pour une Vie Épanouissante", vous découvrirez les clés pour comprendre et cultiver le bonheur intérieur. Le livre explore les différentes dimensions du bonheur intérieur, les obstacles qui peuvent entraver notre épanouissement et les bienfaits qu'il peut apporter à notre vie. À travers des pratiques concrètes, vous apprendrez à cultiver la gratitude, à trouver la paix intérieure, à développer l'amour de soi, à vivre dans le moment présent, à cultiver des relations harmonieuses, à trouver votre passion et votre but dans la vie, et à exprimer votre gratitude envers les autres. Que vous soyez à la recherche de conseils pratiques pour améliorer votre bonheur intérieur ou que vous souhaitiez simplement approfondir votre compréhension de ce concept, ce livre vous accompagnera dans votre cheminement vers une vie épanouissante et équilibrée.

"Bonheur Intérieur : Pratiques pour une Vie Épanouissante" est un guide complet pour cultiver le bonheur intérieur dans tous les aspects de notre vie. Chaque chapitre explore un thème clé du bonheur intérieur, en fournissant des définitions, des pratiques et des conseils pour intégrer ces concepts dans notre quotidien. Que vous cherchiez à développer votre gratitude, à trouver la paix intérieure, à cultiver l'amour de soi, à vivre dans le moment présent, à cultiver des relations harmonieuses, à trouver votre passion et votre but dans la vie, ou à exprimer votre gratitude envers les autres, ce livre vous offre les outils nécessaires pour y parvenir. En suivant les pratiques proposées, vous découvrirez les bienfaits d'une vie épanouissante et vous serez en mesure de créer votre propre bonheur intérieur.

Les Clés du Bonheur Intérieur : Pratiques pour une Vie Épanouissante

Le sommaire :

---

1. https://booksbyai.app/1Z2XENPpCIh5Ghvr/1.1

2. https://booksbyai.app/1Z2XENPpCIh5Ghvr/1.2

3. https://booksbyai.app/1Z2XENPpCIh5Ghvr/1.3

4. https://booksbyai.app/1Z2XENPpCIh5Ghvr/1.4

5. https://booksbyai.app/1Z2XENPpCIh5Ghvr/2.1

6. https://booksbyai.app/1Z2XENPpCIh5Ghvr/2.2

7. https://booksbyai.app/1Z2XENPpCIh5Ghvr/2.3

8. https://booksbyai.app/1Z2XENPpCIh5Ghvr/3.1

9. https://booksbyai.app/1Z2XENPpCIh5Ghvr/3.2

10. https://booksbyai.app/1Z2XENPpCIh5Ghvr/3.3

11. https://booksbyai.app/1Z2XENPpCIh5Ghvr/3.4

12. https://booksbyai.app/1Z2XENPpCIh5Ghvr/4.1

---

13.   https://booksbyai.app/1Z2XENPpCIh5Ghvr/4.2

14.   https://booksbyai.app/1Z2XENPpCIh5Ghvr/4.3

15.   https://booksbyai.app/1Z2XENPpCIh5Ghvr/5.1

16.   https://booksbyai.app/1Z2XENPpCIh5Ghvr/5.2

17.   https://booksbyai.app/1Z2XENPpCIh5Ghvr/5.3

18.   https://booksbyai.app/1Z2XENPpCIh5Ghvr/6.1

19.   https://booksbyai.app/1Z2XENPpCIh5Ghvr/6.2

20.   https://booksbyai.app/1Z2XENPpCIh5Ghvr/6.3

21.   https://booksbyai.app/1Z2XENPpCIh5Ghvr/7.1

22.   https://booksbyai.app/1Z2XENPpCIh5Ghvr/7.2

23.   https://booksbyai.app/1Z2XENPpCIh5Ghvr/7.3

24.   https://booksbyai.app/1Z2XENPpCIh5Ghvr/8.1

25.   https://booksbyai.app/1Z2XENPpCIh5Ghvr/8.2

26.   https://booksbyai.app/1Z2XENPpCIh5Ghvr/8.3

Chapitre 1 : Comprendre le bonheur intérieur

1.1 Définition du bonheur intérieur

Le bonheur intérieur est un état de bien-être profond qui émane de l'intérieur de nous-mêmes. Il ne dépend pas des circonstances extérieures, mais plutôt de notre état d'esprit et de notre façon de percevoir et de vivre la vie. Le bonheur intérieur est un état durable qui ne dépend pas de la satisfaction de nos désirs matériels ou de la réalisation de nos objectifs externes. Il est plutôt le résultat d'une connexion profonde avec notre être intérieur et d'une acceptation inconditionnelle de nous-mêmes.

Le bonheur intérieur ne se limite pas à un simple sentiment de joie ou de plaisir passager. Il englobe une gamme d'émotions positives telles que la gratitude, la paix, l'amour de soi, la sérénité et la satisfaction. Il est le résultat d'un équilibre entre nos pensées, nos émotions et nos actions, ainsi que d'une harmonie avec notre environnement et les personnes qui nous entourent.

Pour comprendre le bonheur intérieur, il est important de reconnaître que chaque individu a sa propre définition et sa propre expérience du bonheur. Ce qui rend une personne heureuse peut ne pas nécessairement être la source de bonheur pour une autre personne. Le bonheur intérieur est donc un concept subjectif qui varie d'une personne à l'autre.

Cependant, il existe des éléments communs qui caractérisent le bonheur intérieur. Il s'agit notamment d'un sentiment de plénitude, de satisfaction et de contentement dans tous les aspects de la vie, qu'il s'agisse de relations, de carrière, de santé ou de spiritualité. Le bonheur intérieur se manifeste également par une capacité à faire face aux défis de la vie avec résilience et optimisme, ainsi qu'à cultiver des émotions positives telles que la gratitude, la compassion et la joie.

Le bonheur intérieur ne dépend pas de facteurs externes tels que la richesse, le statut social ou la réussite professionnelle. Il est plutôt le résultat d'une transformation intérieure profonde qui se produit lorsque nous nous connectons avec notre essence véritable et que nous vivons en accord avec nos valeurs et nos aspirations les plus profondes.

Il est important de noter que le bonheur intérieur n'est pas un état permanent. Il fluctue au fil du temps en fonction des circonstances de la vie et des défis auxquels nous sommes confrontés. Cependant, en cultivant des pratiques et des attitudes positives, nous pouvons renforcer notre capacité à trouver le bonheur intérieur même dans les moments difficiles.

En résumé, le bonheur intérieur est un état de bien-être profond qui émane de l'intérieur de nous-mêmes. Il ne dépend pas des circonstances extérieures, mais plutôt de notre état d'esprit et de notre façon de percevoir et de vivre la vie. Le bonheur intérieur est le résultat d'une connexion profonde avec notre être intérieur et d'une acceptation inconditionnelle de nous-mêmes. Il englobe une gamme d'émotions positives et se manifeste par une capacité à faire face aux défis de la vie avec résilience et optimisme. En cultivant des pratiques et des attitudes positives, nous pouvons renforcer notre capacité à trouver le bonheur intérieur même dans les moments difficiles.

1.2 Les différents aspects du bonheur intérieur

Le bonheur intérieur est un état d'être profondément satisfaisant et épanouissant. Il ne dépend pas des circonstances extérieures, mais plutôt de notre état d'esprit et de notre façon de percevoir le monde qui nous entoure. Pour comprendre pleinement le bonheur intérieur, il est important d'explorer ses différents aspects et de les intégrer dans notre vie quotidienne.

1.2.1 L'épanouissement personnel

L'un des aspects essentiels du bonheur intérieur est l'épanouissement personnel. Cela signifie trouver un sens à sa vie, découvrir ses passions et ses talents, et travailler à leur développement. Lorsque nous nous engageons dans des activités qui nous passionnent et qui nous permettent de nous réaliser pleinement, nous ressentons un profond sentiment de satisfaction et de bonheur. Cultiver l'épanouissement personnel implique de prendre le temps de se connaître soi-même, d'explorer ses intérêts et de se fixer des objectifs qui sont en accord avec nos valeurs et nos aspirations.

1.2.2 Les relations harmonieuses

Les relations harmonieuses sont un autre aspect important du bonheur intérieur. Nous sommes des êtres sociaux et notre bien-être est étroitement lié à la qualité de nos relations avec les autres. Cultiver des relations harmonieuses implique d'être à l'écoute des autres, de pratiquer l'empathie et la compassion, et de développer des compétences en communication. Lorsque nous entretenons des relations positives et nourrissantes, nous nous sentons soutenus, aimés et appréciés, ce qui contribue grandement à notre bonheur intérieur.

1.2.3 La gratitude

La gratitude est un aspect fondamental du bonheur intérieur. Elle consiste à reconnaître et à apprécier les aspects positifs de notre vie, ainsi que les personnes qui nous entourent. La pratique de la gratitude nous permet de cultiver un état d'esprit positif et de nous concentrer sur ce qui est bon dans notre vie, plutôt que de nous attarder sur ce qui ne va pas. En exprimant régulièrement notre gratitude, que ce soit par des mots, des gestes ou des actions, nous renforçons notre sentiment de bonheur intérieur et nous contribuons également au bonheur des autres.

1.2.4 La paix intérieure

La paix intérieure est un état de calme et de sérénité qui nous permet de faire face aux défis de la vie avec équilibre et résilience. Cultiver la paix intérieure implique de pratiquer la méditation, la respiration consciente et d'autres techniques de relaxation qui nous aident à nous connecter avec notre être intérieur et à trouver un espace de tranquillité au milieu du tumulte quotidien. Lorsque nous sommes en paix avec nous-mêmes, nous sommes plus à même de faire face aux difficultés de la vie et de maintenir notre bonheur intérieur.

1.2.5 La pleine conscience

La pleine conscience est une pratique qui consiste à être pleinement présent dans l'instant présent, sans jugement ni attachement. Elle nous permet de nous connecter avec nos sensations, nos émotions et nos pensées, et de les observer sans y réagir de manière automatique. La pratique de la pleine conscience nous aide à cultiver une plus grande clarté mentale, à réduire le stress et l'anxiété, et à développer une plus grande appréciation pour les petites choses de la vie. En vivant dans le moment présent, nous sommes plus en mesure de savourer pleinement chaque instant et de cultiver notre bonheur intérieur.

En explorant ces différents aspects du bonheur intérieur et en les intégrant dans notre vie quotidienne, nous pouvons développer un état d'être profondément satisfaisant et épanouissant. Le bonheur intérieur ne dépend pas des circonstances extérieures, mais plutôt de notre capacité à cultiver des attitudes et des pratiques qui nourrissent notre bien-être intérieur. En comprenant et en intégrant ces différents aspects, nous pouvons ouvrir la porte à une vie plus épanouissante et pleine de bonheur.

1.2 Les différents aspects du bonheur intérieur

Le bonheur intérieur est un état d'être profondément satisfaisant et épanouissant. Il ne dépend pas des circonstances extérieures, mais plutôt de notre état d'esprit et de notre façon de percevoir le monde qui nous entoure. Pour comprendre pleinement le bonheur intérieur, il est important d'explorer ses différents aspects et de les intégrer dans notre vie quotidienne.

1.2.1 L'épanouissement personnel

L'un des aspects essentiels du bonheur intérieur est l'épanouissement personnel. Cela signifie trouver un sens à sa vie, découvrir ses passions et ses talents, et travailler à leur développement. Lorsque nous nous engageons dans des activités qui nous passionnent et qui nous permettent de nous réaliser pleinement, nous ressentons un profond sentiment de satisfaction et de bonheur. Cultiver l'épanouissement personnel implique de prendre le temps de se connaître soi-même, d'explorer ses intérêts et de se fixer des objectifs qui sont en accord avec nos valeurs et nos aspirations.

1.2.2 Les relations harmonieuses

Les relations harmonieuses sont un autre aspect important du bonheur intérieur. Nous sommes des êtres sociaux et notre bien-être est étroitement lié à la qualité de nos relations avec les autres. Cultiver des relations harmonieuses implique d'être à l'écoute des autres, de pratiquer l'empathie et la compassion, et de développer des compétences en communication. Lorsque nous entretenons des relations positives et nourrissantes, nous nous sentons soutenus, aimés et appréciés, ce qui contribue grandement à notre bonheur intérieur.

1.2.3 La gratitude

La gratitude est un aspect fondamental du bonheur intérieur. Elle consiste à reconnaître et à apprécier les aspects positifs de notre vie, ainsi que les personnes qui nous entourent. La pratique de la gratitude nous permet de cultiver un état d'esprit positif et de nous concentrer sur ce qui est bon dans notre vie, plutôt que de nous attarder sur ce qui ne va pas. En exprimant régulièrement notre gratitude, que ce soit par des mots, des gestes ou des actions, nous renforçons notre sentiment de bonheur intérieur et nous contribuons également au bonheur des autres.

1.2.4 La paix intérieure

La paix intérieure est un état de calme et de sérénité qui nous permet de faire face aux défis de la vie avec équilibre et résilience. Cultiver la paix intérieure implique de pratiquer la méditation, la respiration consciente et d'autres techniques de relaxation qui nous aident à nous connecter avec notre être intérieur et à trouver un espace de tranquillité au milieu du tumulte quotidien. Lorsque nous sommes en paix avec nous-mêmes, nous sommes plus à même de faire face aux difficultés de la vie et de maintenir notre bonheur intérieur.

1.2.5 La pleine conscience

La pleine conscience est une pratique qui consiste à être pleinement présent dans l'instant présent, sans jugement ni attachement. Elle nous permet de nous connecter avec nos sensations, nos émotions et nos pensées, et de les observer sans y réagir de manière automatique. La pratique de la pleine conscience nous aide à cultiver une plus grande clarté mentale, à réduire le stress et l'anxiété, et à développer une plus grande appréciation pour les petites choses de la vie. En vivant dans le moment présent, nous sommes plus en mesure de savourer pleinement chaque instant et de cultiver notre bonheur intérieur.

En explorant ces différents aspects du bonheur intérieur et en les intégrant dans notre vie quotidienne, nous pouvons développer un état d'être profondément satisfaisant et épanouissant. Le bonheur intérieur ne dépend pas des circonstances extérieures, mais plutôt de notre capacité à cultiver des attitudes et des pratiques qui nourrissent notre bien-être intérieur. En comprenant et en intégrant ces différents aspects, nous pouvons ouvrir la porte à une vie plus épanouissante et pleine de bonheur.

1.3 Les obstacles au bonheur intérieur

Le bonheur intérieur est un état d'esprit que nous recherchons tous. C'est un sentiment de bien-être profond qui nous permet de vivre une vie épanouissante. Cependant, il existe de nombreux obstacles qui peuvent entraver notre chemin vers le bonheur intérieur. Dans cette section, nous allons explorer certains de ces obstacles et découvrir comment les surmonter.

1.3.1 Les pensées négatives

Les pensées négatives sont l'un des principaux obstacles au bonheur intérieur. Elles peuvent nous envahir et nous empêcher de voir le positif dans notre vie. Les pensées négatives peuvent être le résultat de nos expériences passées, de nos peurs et de nos doutes. Elles peuvent nous faire douter de nous-mêmes et nous empêcher de prendre des risques pour atteindre nos objectifs.

Pour surmonter les pensées négatives, il est important de prendre conscience de nos pensées et de les remettre en question. Nous devons nous demander si ces pensées sont réalistes et si elles nous aident à avancer vers le bonheur. Si ce n'est pas le cas, nous devons les remplacer par des pensées positives et constructives. La pratique de la gratitude peut également nous aider à changer notre perspective et à voir le positif dans notre vie.

1.3.2 Le stress et l'anxiété

Le stress et l'anxiété sont des obstacles majeurs au bonheur intérieur. Ils peuvent nous empêcher de profiter du moment présent et de trouver la paix intérieure. Le stress peut être causé par des facteurs externes tels que le travail, les relations ou les problèmes financiers. L'anxiété, quant à elle, est souvent le résultat de nos propres pensées et de nos préoccupations excessives.

Pour surmonter le stress et l'anxiété, il est important de trouver des techniques de gestion du stress qui fonctionnent pour nous. Cela peut inclure la pratique de la méditation, du yoga ou de la respiration profonde. Il est également important de prendre soin de notre bien-être physique en faisant de l'exercice régulièrement, en mangeant sainement et en dormant suffisamment. En prenant des mesures pour réduire le stress dans notre vie, nous pouvons ouvrir la voie au bonheur intérieur.

1.3.3 Les attentes irréalistes

Les attentes irréalistes sont un autre obstacle au bonheur intérieur. Nous avons souvent des attentes élevées pour nous-mêmes et pour les autres, ce qui peut nous conduire à la déception et à la frustration. Lorsque nos attentes ne sont pas satisfaites, nous pouvons nous sentir insatisfaits et malheureux.

Pour surmonter les attentes irréalistes, il est important de pratiquer l'acceptation et la bienveillance envers nous-mêmes et envers les autres. Nous devons reconnaître que personne n'est parfait et que tout le monde fait des erreurs. En adoptant une attitude de gratitude et en appréciant ce que nous avons déjà, nous pouvons réduire nos attentes et trouver le bonheur dans les petites choses de la vie.

1.3.4 Les comparaisons sociales

Les comparaisons sociales sont un obstacle courant au bonheur intérieur. Nous avons tendance à nous comparer aux autres et à nous sentir insatisfaits de ce que nous avons. Les médias sociaux jouent souvent un rôle dans cette comparaison, car nous sommes constamment exposés aux réalisations et aux succès des autres.

Pour surmonter les comparaisons sociales, il est important de se rappeler que chaque personne est unique et que nous avons tous notre propre chemin dans la vie. Nous devons nous concentrer sur nos propres réalisations et sur ce qui nous rend heureux, plutôt que de nous comparer aux autres. La pratique de la gratitude peut également nous aider à apprécier ce que nous avons déjà et à trouver le bonheur dans notre propre vie.

En surmontant ces obstacles au bonheur intérieur, nous pouvons ouvrir la voie à une vie épanouissante et remplie de joie. Il est important de se rappeler que le bonheur intérieur est un voyage et non une destination. En pratiquant régulièrement les techniques et les pratiques décrites dans ce livre, nous pouvons cultiver notre bonheur intérieur et vivre une vie plus épanouissante.

1.4 Les bienfaits du bonheur intérieur

Le bonheur intérieur est un état d'être profondément satisfaisant et épanouissant. Lorsque nous cultivons le bonheur intérieur, nous expérimentons de nombreux bienfaits qui ont un impact positif sur tous les aspects de notre vie. Dans cette section, nous explorerons les différents bienfaits du bonheur intérieur et comment ils peuvent améliorer notre bien-être global.

1.4.1 Une meilleure santé physique et mentale

Le bonheur intérieur a un lien étroit avec notre santé physique et mentale. Lorsque nous sommes heureux à l'intérieur, notre corps et notre esprit fonctionnent de manière optimale. Des études ont montré que les personnes qui cultivent le bonheur intérieur ont un système immunitaire plus fort, une pression artérielle plus basse et une meilleure capacité à faire face au stress. De plus, elles sont moins susceptibles de souffrir de dépression, d'anxiété et d'autres problèmes de santé mentale.

1.4.2 Une plus grande résilience face aux difficultés

Le bonheur intérieur nous donne la force et la résilience nécessaires pour faire face aux défis de la vie. Lorsque nous sommes heureux à l'intérieur, nous sommes mieux équipés pour faire face aux revers et aux obstacles. Nous sommes capables de trouver des solutions créatives, de rester calmes dans les moments de crise et de rebondir plus rapidement après des épreuves. Le bonheur intérieur nous permet de voir les difficultés comme des opportunités d'apprentissage et de croissance, plutôt que comme des obstacles insurmontables.

1.4.3 Des relations plus harmonieuses

Le bonheur intérieur a un impact positif sur nos relations avec les autres. Lorsque nous sommes heureux à l'intérieur, nous sommes plus ouverts, aimants et attentionnés envers les autres. Nous sommes capables de communiquer de manière plus claire et empathique, ce qui favorise des relations plus harmonieuses et satisfaisantes. De plus, le bonheur intérieur nous permet de pardonner plus facilement et de laisser aller les ressentiments, ce qui renforce nos liens avec les autres.

1.4.4 Une plus grande créativité et productivité

Le bonheur intérieur stimule notre créativité et notre productivité. Lorsque nous sommes heureux à l'intérieur, notre esprit est plus clair, plus ouvert et plus réceptif aux idées nouvelles. Nous sommes plus en mesure de penser de manière créative et de trouver des solutions innovantes aux problèmes. De plus, le bonheur intérieur nous donne l'énergie et la motivation nécessaires pour atteindre nos objectifs et réaliser nos projets. Nous sommes plus productifs et nous avons une plus grande capacité à persévérer face aux défis.

1.4.5 Une plus grande satisfaction dans la vie

Le bonheur intérieur nous apporte une plus grande satisfaction dans tous les domaines de notre vie. Lorsque nous sommes heureux à l'intérieur, nous apprécions davantage les petites choses de la vie et nous sommes plus reconnaissants pour ce que nous avons. Nous sommes capables de trouver du sens et de la joie dans nos activités quotidiennes, ce qui nous donne une plus grande satisfaction globale. Le bonheur intérieur nous permet de vivre pleinement et de profiter de chaque instant.

En conclusion, le bonheur intérieur apporte de nombreux bienfaits qui améliorent notre bien-être physique, mental et émotionnel. Il renforce notre résilience, favorise des relations harmonieuses, stimule notre créativité et notre productivité, et nous apporte une plus grande satisfaction dans la vie. Cultiver le bonheur intérieur est donc essentiel pour vivre une vie épanouissante et équilibrée. Dans les chapitres suivants, nous explorerons différentes pratiques et techniques pour cultiver le bonheur intérieur dans notre vie quotidienne.

Chapitre 2 : Cultiver la gratitude

2.1 La gratitude comme clé du bonheur intérieur

La gratitude est une émotion puissante qui peut transformer notre vie et nous aider à cultiver le bonheur intérieur. Elle consiste à reconnaître et à apprécier les bonnes choses de la vie, qu'elles soient grandes ou petites. La gratitude nous permet de nous concentrer sur ce qui est positif et de développer une attitude de reconnaissance envers les autres et envers nous-mêmes.

2.1.1 Qu'est-ce que la gratitude ?

La gratitude est un état d'esprit qui nous pousse à reconnaître et à apprécier les bienfaits que nous recevons. Cela peut être aussi simple que d'être reconnaissant pour une belle journée ensoleillée ou pour une tasse de café chaud le matin. La gratitude nous aide à prendre conscience de la richesse de notre vie et à ne pas prendre les choses pour acquises.

2.1.2 Comment la gratitude peut-elle nous aider à cultiver le bonheur intérieur ?

La gratitude est une clé essentielle pour cultiver le bonheur intérieur car elle nous permet de nous concentrer sur les aspects positifs de notre vie. Lorsque nous sommes reconnaissants, nous nous sentons plus heureux et plus satisfaits. La gratitude nous aide également à développer une attitude positive envers les autres, ce qui renforce nos relations et crée un environnement harmonieux.

En pratiquant la gratitude, nous nous entraînons à voir le bon dans chaque situation, même dans les moments difficiles. Cela nous permet de développer une résilience émotionnelle et de faire face aux défis de la vie avec plus de sérénité. La gratitude nous aide également à cultiver la compassion envers les autres, en reconnaissant les efforts et les sacrifices qu'ils font pour nous.

2.1.3 Comment cultiver la gratitude au quotidien ?

Il existe de nombreuses façons de cultiver la gratitude au quotidien. Voici quelques pratiques simples que vous pouvez intégrer dans votre vie :

1. Tenir un journal de gratitude : Prenez quelques minutes chaque jour pour écrire trois choses pour lesquelles vous êtes reconnaissant. Cela peut être quelque chose de petit comme un sourire d'un étranger ou quelque chose de plus important comme la santé de vos proches. En écrivant ces choses, vous renforcez votre sentiment de gratitude.

2. Exprimer sa gratitude : Prenez l'habitude de dire "merci" plus souvent. Remerciez les personnes qui vous entourent pour leur soutien, leur gentillesse ou leur présence dans votre vie. Exprimer votre gratitude verbalement renforce les liens avec les autres et crée une atmosphère positive.

3. Faire preuve de générosité : Partager ce que vous avez avec les autres est une autre façon de cultiver la gratitude. Faites preuve de générosité envers les autres en offrant votre temps, votre aide ou vos ressources. En donnant aux autres, vous réalisez à quel point vous êtes chanceux et vous ressentez un sentiment de gratitude profond.

4. Pratiquer la méditation de gratitude : Prenez quelques minutes chaque jour pour vous asseoir en silence et vous concentrer sur les choses pour lesquelles vous êtes reconnaissant. Visualisez ces choses dans votre esprit et ressentez la gratitude qui en découle. La méditation de gratitude vous aide à cultiver un état d'esprit positif et à vous connecter avec votre bonheur intérieur.

2.1.4 Les bienfaits de la gratitude sur notre bien-être

La pratique régulière de la gratitude a de nombreux bienfaits sur notre bien-être. Voici quelques-uns des avantages que vous pouvez en retirer :

1. Amélioration de la santé mentale : La gratitude aide à réduire le stress, l'anxiété et la dépression. En se concentrant sur les aspects positifs de la vie, nous renforçons notre résilience émotionnelle et notre capacité à faire face aux difficultés.

2. Renforcement des relations : La gratitude renforce les liens avec les autres en créant un environnement positif et harmonieux. En exprimant notre gratitude envers les autres, nous renforçons les liens d'amitié et de famille.

3. Augmentation du bonheur : La gratitude nous aide à nous sentir plus heureux et plus satisfaits de notre vie. En reconnaissant les bonnes choses qui nous entourent, nous cultivons un état d'esprit positif et nous apprécions davantage les moments de joie.

4. Amélioration de la santé physique : Des études ont montré que la gratitude peut avoir un impact positif sur notre santé physique. Elle peut réduire la pression artérielle, renforcer le système immunitaire et favoriser un sommeil de meilleure qualité.

En cultivant la gratitude, nous pouvons transformer notre vie et cultiver un bonheur intérieur durable. La gratitude est une clé essentielle pour vivre une vie épanouissante et harmonieuse.

2.2 Pratiques pour cultiver la gratitude au quotidien

La gratitude est une émotion puissante qui peut transformer notre vie et nous aider à cultiver le bonheur intérieur. En exprimant notre gratitude envers les petites choses de la vie, nous pouvons développer une attitude positive et reconnaissante qui nous permet de voir le monde sous un jour plus lumineux. Dans cette section, nous allons explorer différentes pratiques pour cultiver la gratitude au quotidien.

2.2.1 Tenir un journal de gratitude

Une des pratiques les plus simples et les plus efficaces pour cultiver la gratitude est de tenir un journal de gratitude. Chaque jour, prenez quelques minutes pour écrire trois choses pour lesquelles vous êtes reconnaissant. Cela peut être quelque chose de petit comme le sourire d'un inconnu dans la rue ou quelque chose de plus important comme la santé de vos proches. En écrivant ces choses positives, vous entraînez votre esprit à se concentrer sur les aspects positifs de votre vie, ce qui renforce votre sentiment de gratitude.

2.2.2 Pratiquer la gratitude envers soi-même

La gratitude ne se limite pas seulement à exprimer notre reconnaissance envers les autres, mais aussi envers nous-mêmes. Prenez le temps de reconnaître vos propres réalisations, vos qualités et vos forces. Félicitez-vous pour les efforts que vous avez déployés et les progrès que vous avez réalisés. En cultivant la gratitude envers vous-même, vous renforcez votre estime de soi et votre confiance en vous, ce qui contribue à votre bonheur intérieur.

2.2.3 Exprimer sa gratitude verbalement

Une autre pratique pour cultiver la gratitude au quotidien est d'exprimer votre reconnaissance verbalement envers les autres. Prenez l'habitude de dire "merci" sincèrement lorsque quelqu'un vous rend service, vous aide ou vous fait du bien. Montrez votre gratitude envers vos proches en leur disant combien vous appréciez leur présence dans votre vie. En exprimant votre gratitude verbalement, vous renforcez vos liens avec les autres et créez une atmosphère positive autour de vous.

2.2.4 Pratiquer la gratitude par l'écriture de lettres

Une pratique puissante pour cultiver la gratitude est d'écrire des lettres de gratitude. Choisissez une personne qui a eu un impact positif dans votre vie et écrivez-lui une lettre pour lui exprimer votre reconnaissance. Décrivez en détail les raisons pour lesquelles vous êtes reconnaissant envers cette personne et comment elle a influencé votre vie de manière positive. Vous pouvez choisir de lui envoyer la lettre ou simplement la garder pour vous, mais l'acte d'écrire cette lettre vous permettra de ressentir un profond sentiment de gratitude.

2.2.5 Pratiquer la gratitude à travers la méditation

La méditation de gratitude est une pratique qui consiste à se concentrer sur les aspects positifs de sa vie et à ressentir un profond sentiment de gratitude. Asseyez-vous dans un endroit calme, fermez les yeux et prenez quelques instants pour vous concentrer sur votre respiration. Ensuite, commencez à vous rappeler les choses pour lesquelles vous êtes reconnaissant. Visualisez ces moments et ressentez la gratitude qui les accompagne. La méditation de gratitude vous permet de vous connecter avec vos émotions positives et de cultiver un état d'esprit reconnaissant.

2.2.6 Pratiquer la gratitude à travers des actes de bonté

Une autre façon de cultiver la gratitude au quotidien est de pratiquer des actes de bonté envers les autres. Faites preuve de gentillesse envers les personnes que vous rencontrez dans votre vie quotidienne. Offrez votre aide, faites un compliment sincère ou faites un geste de générosité. En agissant de manière bienveillante envers les autres, vous créez un cercle vertueux de gratitude et de positivité.

En pratiquant ces différentes techniques de gratitude au quotidien, vous développerez une attitude reconnaissante envers la vie et les autres. La gratitude deviendra une partie intégrante de votre être, vous permettant de cultiver le bonheur intérieur et de vivre une vie épanouissante.

2.3 Les bienfaits de la gratitude sur notre bien-être

La gratitude est une émotion puissante qui peut avoir un impact significatif sur notre bien-être. Lorsque nous cultivons la gratitude dans notre vie quotidienne, nous sommes en mesure de ressentir une plus grande satisfaction, de vivre des émotions positives et de développer une perspective plus optimiste. Dans cette section, nous explorerons les nombreux bienfaits de la gratitude sur notre bien-être.

2.3.1 Renforce le système immunitaire

La gratitude a été associée à des effets positifs sur notre santé physique. Des études ont montré que les personnes qui pratiquent régulièrement la gratitude ont un système immunitaire plus fort. En exprimant notre gratitude envers les autres, nous renforçons nos relations sociales, ce qui peut réduire le stress et améliorer notre santé globale.

2.3.2 Améliore la santé mentale

La gratitude est également bénéfique pour notre santé mentale. En cultivant la gratitude, nous nous concentrons sur les aspects positifs de notre vie, ce qui peut réduire les sentiments de stress, d'anxiété et de dépression. La gratitude nous aide à développer une attitude positive envers la vie et à apprécier les petites choses qui nous entourent.

2.3.3 Favorise des relations harmonieuses

La gratitude joue un rôle essentiel dans le maintien de relations harmonieuses avec les autres. Lorsque nous exprimons notre gratitude envers les personnes qui nous entourent, nous renforçons les liens émotionnels et créons un environnement propice à des relations saines et positives. La gratitude nous aide à reconnaître et à apprécier les actions et les qualités des autres, ce qui renforce la confiance et favorise une communication ouverte.

2.3.4 Augmente le niveau de bonheur

La gratitude est étroitement liée au bonheur. En cultivant la gratitude, nous nous concentrons sur les aspects positifs de notre vie, ce qui nous permet de ressentir plus de joie et de satisfaction. La gratitude nous aide à apprécier les moments présents et à trouver du sens et de la valeur dans notre vie. En exprimant notre gratitude envers les autres, nous renforçons également notre propre sentiment de bonheur et de bien-être.

2.3.5 Réduit le stress

La gratitude peut être un outil puissant pour réduire le stress. Lorsque nous nous concentrons sur les aspects positifs de notre vie et exprimons notre gratitude, nous sommes moins susceptibles de nous laisser submerger par le stress et les émotions négatives. La gratitude nous aide à développer une perspective plus optimiste et à trouver des solutions aux défis auxquels nous sommes confrontés.

2.3.6 Favorise la résilience

La gratitude joue un rôle important dans notre capacité à faire face aux difficultés de la vie. En cultivant la gratitude, nous développons une attitude de résilience et de gratitude envers les défis que nous rencontrons. La gratitude nous aide à trouver du sens et de la valeur dans les moments difficiles, ce qui renforce notre capacité à surmonter les obstacles et à rebondir face à l'adversité.

2.3.7 Améliore la qualité du sommeil

La gratitude peut également avoir un impact positif sur notre sommeil. En exprimant notre gratitude avant de nous coucher, nous nous concentrons sur les aspects positifs de notre journée, ce qui peut réduire les pensées négatives et l'anxiété qui peuvent perturber notre sommeil. La gratitude nous aide à nous détendre et à nous endormir plus facilement, ce qui améliore la qualité de notre sommeil.

2.3.8 Favorise la compassion

La gratitude est étroitement liée à la compassion envers les autres. Lorsque nous cultivons la gratitude, nous développons une plus grande sensibilité aux besoins et aux souffrances des autres. La gratitude nous aide à reconnaître les actions positives des autres et à exprimer notre appréciation, ce qui renforce notre compassion et notre empathie envers les autres.

En conclusion, la gratitude a de nombreux bienfaits sur notre bien-être. En cultivant la gratitude dans notre vie quotidienne, nous renforçons notre système immunitaire, améliorons notre santé mentale, favorisons des relations harmonieuses, augmentons notre niveau de bonheur, réduisons le stress, favorisons la résilience, améliorons la qualité du sommeil et favorisons la compassion envers les autres. La gratitude est une pratique simple mais puissante qui peut transformer notre vie et nous aider à cultiver un bonheur intérieur durable.

Chapitre 3 : Trouver la paix intérieure

3.1 L'importance de la paix intérieure

La paix intérieure est un état d'esprit qui nous permet de trouver un équilibre et une sérénité profonde au sein de nous-mêmes. C'est un sentiment de calme et de tranquillité qui nous permet de faire face aux défis de la vie avec une attitude positive et résiliente. L'importance de la paix intérieure ne peut être sous-estimée, car elle joue un rôle essentiel dans notre bien-être global et notre épanouissement personnel.

3.1.1 Trouver l'équilibre intérieur

La paix intérieure nous aide à trouver l'équilibre entre notre corps, notre esprit et notre âme. Elle nous permet de nous connecter avec notre être intérieur et de nous aligner avec nos valeurs et nos aspirations les plus profondes. Lorsque nous sommes en paix avec nous-mêmes, nous sommes en mesure de prendre des décisions éclairées et de vivre en accord avec notre véritable essence.

3.1.2 Cultiver la sérénité

La paix intérieure nous permet de cultiver la sérénité dans notre vie quotidienne. Elle nous aide à faire face aux situations stressantes avec calme et clarté d'esprit. Lorsque nous sommes en paix, nous sommes moins susceptibles d'être perturbés par les petites contrariétés de la vie et nous sommes capables de maintenir notre équilibre émotionnel même dans les moments difficiles.

3.1.3 Libérer le stress et les tensions

La paix intérieure nous permet de libérer le stress et les tensions accumulés dans notre corps et notre esprit. Elle nous offre un espace de détente et de guérison où nous pouvons nous ressourcer et nous régénérer. En cultivant la paix intérieure, nous apprenons à lâcher prise des pensées négatives et des émotions toxiques qui nous empêchent d'être heureux et épanouis.

3.1.4 Vivre l'instant présent

La paix intérieure nous permet de vivre pleinement l'instant présent. Elle nous aide à nous libérer des regrets du passé et des inquiétudes pour l'avenir. En étant pleinement présents dans le moment présent, nous sommes capables de savourer les petites joies de la vie et de cultiver une attitude de gratitude et de bienveillance envers nous-mêmes et les autres.

3.1.5 Favoriser des relations harmonieuses

La paix intérieure joue un rôle essentiel dans la création et le maintien de relations harmonieuses avec les autres. Lorsque nous sommes en paix avec nous-mêmes, nous sommes capables d'exprimer notre véritable essence et d'interagir avec les autres de manière authentique et bienveillante. La paix intérieure nous aide à cultiver l'empathie, la compassion et la compréhension mutuelle, ce qui favorise des relations saines et épanouissantes.

3.1.6 Trouver un sens à sa vie

La paix intérieure nous aide à trouver un sens à notre vie. Elle nous permet de nous connecter à notre mission et à notre but les plus profonds. Lorsque nous sommes en paix, nous sommes en mesure de vivre en accord avec nos valeurs et de contribuer de manière significative au monde qui nous entoure. La paix intérieure nous guide sur le chemin de l'épanouissement personnel et nous aide à trouver notre place dans l'univers.

En conclusion, la paix intérieure est un élément essentiel du bonheur et de l'épanouissement personnel. Elle nous permet de trouver l'équilibre, la sérénité et la clarté d'esprit nécessaires pour faire face aux défis de la vie. En cultivant la paix intérieure, nous sommes en mesure de libérer le stress et les tensions, de vivre pleinement l'instant présent, de favoriser des relations harmonieuses et de trouver un sens à notre vie. La paix intérieure est un voyage intérieur qui demande de la pratique et de la patience, mais les bienfaits qu'elle apporte en valent largement la peine.

3.2 Pratiques pour cultiver la paix intérieure

La paix intérieure est un état d'esprit qui nous permet de trouver un équilibre et une sérénité profonde au sein de nous-mêmes. C'est un état dans lequel nous sommes en harmonie avec nos pensées, nos émotions et notre environnement. Cultiver la paix intérieure est essentiel pour notre bien-être et notre épanouissement personnel. Dans cette section, nous explorerons différentes pratiques qui peuvent nous aider à cultiver la paix intérieure.

3.2.1 La méditation

La méditation est une pratique millénaire qui nous permet de calmer notre esprit et de nous connecter avec notre être intérieur. Elle nous aide à nous libérer du stress, de l'anxiété et des pensées négatives qui peuvent perturber notre paix intérieure. La méditation consiste à se concentrer sur notre respiration, à observer nos pensées sans jugement et à cultiver un état de présence et de calme intérieur. En pratiquant régulièrement la méditation, nous pouvons développer une plus grande clarté mentale, une meilleure gestion du stress et une paix intérieure durable.

3.2.2 La respiration consciente

La respiration consciente est une pratique simple mais puissante pour cultiver la paix intérieure. Elle consiste à porter notre attention sur notre respiration, à observer le flux et le reflux de l'air dans notre corps. En prenant conscience de notre respiration, nous pouvons nous détacher des pensées et des préoccupations qui nous agitent, et nous connecter avec l'instant présent. La respiration consciente nous aide à nous recentrer, à nous apaiser et à retrouver un état de calme intérieur.

3.2.3 La visualisation positive

La visualisation positive est une pratique qui consiste à créer des images mentales positives pour nourrir notre esprit et cultiver la paix intérieure. En visualisant des scènes agréables, des situations harmonieuses et des émotions positives, nous pouvons reprogrammer notre esprit et créer un état de bien-être intérieur. La visualisation positive nous permet de nous concentrer sur ce qui est bon dans notre vie, de cultiver la gratitude et de développer une attitude positive envers nous-mêmes et les autres.

3.2.4 La pratique du lâcher-prise

Le lâcher-prise est une pratique essentielle pour cultiver la paix intérieure. Il consiste à accepter ce qui est, à lâcher prise du contrôle et à faire confiance au processus de la vie. En lâchant prise, nous nous libérons du stress, de l'attachement aux résultats et des attentes excessives. Nous apprenons à vivre dans l'instant présent, à accepter les choses telles qu'elles sont et à trouver la paix dans l'acceptation. Le lâcher-prise nous permet de nous détacher des pensées et des émotions négatives, et de cultiver un état de calme intérieur.

3.2.5 La pratique de la gratitude

La gratitude est une pratique puissante pour cultiver la paix intérieure. En reconnaissant et en appréciant les aspects positifs de notre vie, nous développons un état d'esprit positif et une attitude de gratitude envers nous-mêmes et les autres. La gratitude nous aide à nous concentrer sur ce qui est bon dans notre vie, à cultiver la joie et à trouver la paix intérieure. En pratiquant la gratitude régulièrement, nous pouvons transformer notre perception de la vie et cultiver un état de paix et de bonheur intérieur.

Cultiver la paix intérieure est un processus qui demande de la pratique et de la persévérance. En intégrant ces pratiques dans notre quotidien, nous pouvons progressivement développer un état de paix intérieure durable. La paix intérieure est un trésor précieux qui nous permet de vivre une vie épanouissante et de faire face aux défis de la vie avec sérénité et confiance.

3.3 Les bienfaits de la paix intérieure sur notre épanouissement

La paix intérieure est un état d'esprit qui nous permet de trouver un équilibre émotionnel et mental, même dans les moments les plus difficiles de notre vie. C'est un sentiment de calme et de sérénité qui nous aide à faire face aux défis et aux obstacles avec confiance et résilience. La paix intérieure est essentielle pour notre épanouissement personnel et a de nombreux bienfaits sur notre bien-être global.

3.3.1 Une meilleure gestion du stress

L'un des principaux bienfaits de la paix intérieure est sa capacité à nous aider à gérer le stress de manière plus efficace. Lorsque nous sommes en paix avec nous-mêmes, nous sommes moins susceptibles d'être submergés par les pressions et les exigences de la vie quotidienne. Nous sommes capables de prendre du recul, de respirer profondément et de trouver des solutions créatives aux problèmes qui se présentent à nous. La paix intérieure nous permet de rester calmes et centrés, même dans les situations les plus stressantes.

3.3.2 Une meilleure santé mentale

La paix intérieure joue également un rôle crucial dans notre santé mentale. Lorsque nous sommes en paix avec nous-mêmes, nous sommes moins enclins à ressentir des sentiments de frustration, d'anxiété ou de dépression. Nous sommes capables de cultiver une attitude positive et de faire face aux défis de la vie avec optimisme. La paix intérieure nous permet de développer une résilience émotionnelle et de maintenir un état d'esprit équilibré et sain.

3.3.3 Une meilleure qualité de vie

La paix intérieure a un impact significatif sur notre qualité de vie. Lorsque nous sommes en paix avec nous-mêmes, nous sommes plus enclins à apprécier les petites choses de la vie et à trouver du bonheur dans les moments simples. Nous sommes moins préoccupés par les désirs matériels et les attentes extérieures, et nous sommes capables de trouver la satisfaction et la joie dans l'instant présent. La paix intérieure nous permet de vivre pleinement et de profiter de chaque instant de notre vie.

3.3.4 Des relations plus harmonieuses

La paix intérieure a également un impact positif sur nos relations avec les autres. Lorsque nous sommes en paix avec nous-mêmes, nous sommes plus enclins à être compatissants, aimants et attentionnés envers les autres. Nous sommes capables de communiquer de manière plus claire et empathique, ce qui favorise des relations plus harmonieuses et épanouissantes. La paix intérieure nous permet de cultiver des liens profonds et significatifs avec les autres, ce qui contribue à notre bonheur et à notre épanouissement.

3.3.5 Une meilleure prise de décision

Lorsque nous sommes en paix avec nous-mêmes, nous sommes en mesure de prendre des décisions plus éclairées et réfléchies. La paix intérieure nous permet de nous connecter à notre intuition et à notre sagesse intérieure, ce qui nous guide vers les choix qui sont alignés avec nos valeurs et nos aspirations les plus profondes. Nous sommes moins influencés par les opinions des autres et plus enclins à suivre notre propre voie. La paix intérieure nous donne la clarté et la confiance nécessaires pour prendre des décisions qui nous mènent vers une vie épanouissante.

3.3.6 Une plus grande résilience

La paix intérieure nous donne la force et la résilience nécessaires pour faire face aux difficultés de la vie. Lorsque nous sommes en paix avec nous-mêmes, nous sommes mieux préparés à faire face aux épreuves et aux revers. Nous sommes capables de rebondir plus rapidement et de trouver des solutions créatives aux problèmes qui se présentent à nous. La paix intérieure nous permet de rester forts et résilients, même dans les moments les plus difficiles.

En cultivant la paix intérieure, nous pouvons véritablement transformer notre vie. C'est un voyage qui demande du temps, de la pratique et de la patience, mais les bienfaits en valent la peine. En trouvant la paix intérieure, nous pouvons vivre une vie épanouissante, remplie de bonheur, de sérénité et de satisfaction.

3.4 Gérer le stress et les émotions négatives

La gestion du stress et des émotions négatives est essentielle pour cultiver un bonheur intérieur durable. Dans notre vie quotidienne, nous sommes souvent confrontés à des situations stressantes qui peuvent avoir un impact négatif sur notre bien-être émotionnel. Cependant, il est possible d'apprendre à gérer ces situations de manière efficace et de développer des stratégies pour faire face au stress et aux émotions négatives.

3.4.1 Identifier les sources de stress

La première étape pour gérer le stress est d'identifier les sources qui en sont à l'origine. Il peut s'agir de situations spécifiques, de personnes ou même de pensées négatives qui déclenchent une réaction de stress en nous. Prenez le temps de réfléchir aux moments où vous vous sentez le plus stressé et essayez de déterminer les facteurs qui contribuent à cette situation. Une fois que vous avez identifié ces sources de stress, vous pouvez commencer à élaborer des stratégies pour les gérer de manière plus efficace.

3.4.2 Pratiquer la relaxation

La relaxation est une technique efficace pour gérer le stress et les émotions négatives. Il existe de nombreuses méthodes de relaxation qui peuvent vous aider à vous détendre et à calmer votre esprit. La respiration profonde, la méditation et le yoga sont quelques-unes des pratiques les plus courantes pour induire un état de relaxation. Prenez quelques minutes chaque jour pour vous détendre et vous recentrer. Vous remarquerez peut-être que votre niveau de stress diminue et que vous vous sentez plus calme et plus équilibré.

3.4.3 Changer de perspective

Une autre façon de gérer le stress et les émotions négatives est de changer de perspective. Souvent, nous avons tendance à réagir de manière automatique et négative face aux situations stressantes. Cependant, il est possible de changer notre façon de penser et de voir les choses sous un angle différent. Essayez de trouver des aspects positifs dans les situations stressantes et de vous concentrer sur les solutions plutôt que sur les problèmes. En adoptant une perspective plus positive, vous serez mieux équipé pour faire face au stress et aux émotions négatives.

3.4.4 Pratiquer la gestion des émotions

La gestion des émotions est une compétence essentielle pour gérer le stress et les émotions négatives. Il est important d'apprendre à reconnaître et à exprimer nos émotions de manière saine et constructive. Lorsque nous sommes confrontés à des émotions négatives, il est utile de prendre du recul et de réfléchir à la source de ces émotions. Essayez de comprendre ce qui déclenche ces émotions et cherchez des moyens de les gérer de manière positive. La pratique de la pleine conscience peut également être utile pour développer une plus grande conscience de nos émotions et pour apprendre à les gérer de manière efficace.

3.4.5 Établir des limites

Établir des limites claires est une autre stratégie importante pour gérer le stress et les émotions négatives. Il est essentiel de savoir dire non lorsque nous sommes confrontés à des demandes excessives ou à des situations qui nous mettent mal à l'aise. Apprenez à identifier vos limites personnelles et à les communiquer de manière assertive. En établissant des limites saines, vous vous protégez contre le stress et les émotions négatives qui peuvent découler d'une surcharge de travail ou de relations toxiques.

3.4.6 Chercher du soutien

Enfin, il est important de chercher du soutien lorsque nous sommes confrontés à des situations stressantes ou à des émotions négatives. Parler à un ami de confiance, à un membre de la famille ou à un professionnel de la santé mentale peut nous aider à mieux comprendre nos émotions et à trouver des solutions pour les gérer. Ne sous-estimez pas le pouvoir du soutien social dans la gestion du stress et des émotions négatives. En partageant vos préoccupations avec quelqu'un d'autre, vous pouvez obtenir des conseils précieux et vous sentir soutenu dans votre cheminement vers un bonheur intérieur durable.

En conclusion, la gestion du stress et des émotions négatives est une compétence essentielle pour cultiver un bonheur intérieur. En identifiant les sources de stress, en pratiquant la relaxation, en changeant de perspective, en gérant nos émotions, en établissant des limites et en cherchant du soutien, nous pouvons développer des stratégies efficaces pour faire face au stress et aux émotions négatives. En intégrant ces pratiques dans notre vie quotidienne, nous pouvons créer un environnement propice à notre épanouissement et à notre bonheur intérieur.

Chapitre 4 : Cultiver l'amour de soi

4.1 L'importance de l'amour de soi

L'amour de soi est un concept essentiel pour cultiver le bonheur intérieur. Il s'agit de reconnaître sa propre valeur, de prendre soin de soi et de s'accepter tel que l'on est. L'amour de soi est le fondement sur lequel repose notre bien-être émotionnel, mental et physique. Sans cet amour de soi, il est difficile de trouver le bonheur véritable et durable.

4.1.1 Reconnaître sa propre valeur

Pour cultiver l'amour de soi, il est important de reconnaître sa propre valeur. Cela signifie se rappeler que nous sommes tous uniques et précieux, avec nos forces, nos faiblesses et nos imperfections. Il est essentiel de se rappeler que nous méritons d'être aimés et respectés, tout comme les autres. En reconnaissant notre propre valeur, nous pouvons développer une estime de soi positive et renforcer notre confiance en nous.

4.1.2 Prendre soin de soi

L'amour de soi implique également de prendre soin de soi. Cela signifie accorder de l'importance à nos besoins physiques, émotionnels et mentaux. Prendre soin de soi peut prendre différentes formes, telles que manger sainement, faire de l'exercice régulièrement, se reposer suffisamment, pratiquer des activités qui nous plaisent et nous détendent, et prendre le temps de se ressourcer. En prenant soin de nous-mêmes, nous montrons à notre corps et à notre esprit qu'ils sont importants et méritent d'être choyés.

4.1.3 S'accepter tel que l'on est

L'amour de soi implique également de s'accepter tel que l'on est, avec toutes nos qualités et nos défauts. Il est important de se rappeler que personne n'est parfait et que nous avons tous nos propres imperfections.

Plutôt que de se critiquer et de se juger constamment, il est essentiel de pratiquer l'acceptation de soi. Cela signifie reconnaître nos erreurs, apprendre de nos expériences et nous pardonner. En nous acceptant tels que nous sommes, nous pouvons développer une relation plus bienveillante avec nous-mêmes et cultiver un amour de soi authentique.

4.1.4 L'impact de l'amour de soi sur notre bonheur

L'amour de soi a un impact significatif sur notre bonheur. Lorsque nous nous aimons et nous acceptons tels que nous sommes, nous sommes plus enclins à prendre soin de nous-mêmes et à nous engager dans des comportements sains et positifs. Nous sommes également plus résilients face aux défis de la vie, car nous avons une base solide de confiance en nous et d'estime de soi. L'amour de soi nous permet également de développer des relations plus saines et épanouissantes avec les autres, car nous sommes capables de donner et de recevoir de l'amour de manière équilibrée.

En cultivant l'amour de soi, nous pouvons véritablement transformer notre vie et trouver un bonheur intérieur durable. Cela demande du temps, de la pratique et de la bienveillance envers nous-mêmes, mais les résultats en valent la peine. En nous aimant et en nous acceptant tels que nous sommes, nous pouvons vivre une vie épanouissante et trouver le bonheur véritable qui réside en nous.

4.2 Pratiques pour cultiver l'amour de soi

L'amour de soi est un élément essentiel pour cultiver le bonheur intérieur. C'est la capacité de s'accepter, de se respecter et de se valoriser en tant qu'individu unique. Lorsque nous nous aimons, nous sommes en mesure de prendre soin de nous-mêmes et de vivre une vie épanouissante. Voici quelques pratiques simples pour cultiver l'amour de soi :

4.2.1 Prendre soin de son corps

Prendre soin de son corps est une façon concrète de manifester de l'amour envers soi-même. Cela implique de manger sainement, de faire de l'exercice régulièrement et de dormir suffisamment. En nourrissant notre corps avec des aliments nutritifs, en restant actifs et en accordant à notre corps le repos dont il a besoin, nous lui montrons notre amour et notre respect.

4.2.2 Pratiquer l'auto-compassion

L'auto-compassion consiste à se traiter avec gentillesse et compréhension, tout comme nous le ferions avec un ami cher. Il est important de reconnaître que nous sommes humains et que nous faisons tous des erreurs. Plutôt que de nous critiquer et de nous juger sévèrement, nous devons nous accorder de la compassion et de la bienveillance. Lorsque nous nous traitons avec douceur, nous renforçons notre amour-propre et notre estime de nous-mêmes.

4.2.3 S'accorder du temps pour les activités qui nous plaisent

Il est essentiel de s'accorder du temps pour les activités qui nous plaisent et qui nous apportent de la joie. Que ce soit la lecture, la peinture, la danse ou toute autre activité créative, ces moments nous permettent de nous connecter à notre essence profonde et de nourrir notre âme. En nous offrant ces moments de plaisir, nous nous montrons à nous-mêmes que nous méritons d'être heureux.

4.2.4 Cultiver des pensées positives

Les pensées que nous entretenons à notre égard ont un impact considérable sur notre amour de soi. Il est important de cultiver des pensées positives et bienveillantes envers nous-mêmes. Plutôt que de nous critiquer et de nous dévaloriser, nous devons nous encourager et nous féliciter pour nos accomplissements. En pratiquant l'affirmation de soi et en remplaçant les pensées négatives par des pensées positives, nous renforçons notre estime de nous-mêmes et notre amour-propre.

4.2.5 Établir des limites saines

Établir des limites saines est une autre façon de manifester de l'amour envers soi-même. Cela implique de dire "non" lorsque nous ne sommes pas à l'aise ou lorsque quelque chose ne correspond pas à nos valeurs. En établissant des limites claires, nous nous protégeons et nous nous respectons. Cela nous permet également de préserver notre énergie et de nous concentrer sur ce qui est vraiment important pour nous.

4.2.6 Pratiquer l'auto-reflexion

La pratique de l'auto-reflexion est un moyen puissant de cultiver l'amour de soi. Prendre le temps de se connaître, d'explorer nos émotions et nos motivations nous permet de mieux comprendre qui nous sommes vraiment. Cela nous aide à identifier nos besoins, nos désirs et nos valeurs, et à prendre des décisions qui sont en alignement avec notre véritable essence. En nous engageant dans cette pratique régulièrement, nous renforçons notre connexion avec nous-mêmes et notre amour-propre.

Cultiver l'amour de soi est un processus continu qui demande de la patience et de la bienveillance envers soi-même. En pratiquant ces différentes techniques, nous pouvons progressivement renforcer notre amour-propre et notre bonheur intérieur. Rappelez-vous toujours que vous méritez d'être aimé et d'être heureux. Prenez soin de vous et cultivez l'amour de soi chaque jour.

4.3 Les bienfaits de l'amour de soi sur notre bonheur

L'amour de soi est un concept essentiel pour cultiver le bonheur intérieur. Il s'agit de reconnaître sa propre valeur, de prendre soin de soi et de s'accepter tel que l'on est. Lorsque nous nous aimons, nous sommes en mesure de vivre une vie épanouissante et de trouver le bonheur dans chaque aspect de notre existence.

4.3.1 Une estime de soi renforcée

L'amour de soi renforce notre estime de soi. Lorsque nous nous aimons, nous avons confiance en nos capacités et en nos compétences. Nous sommes conscients de notre valeur et nous nous traitons avec respect et bienveillance. Cette estime de soi renforcée nous permet de faire face aux défis de la vie avec plus de confiance et de résilience. Nous sommes moins susceptibles d'être affectés par les critiques ou les jugements des autres, car nous savons qui nous sommes et nous nous acceptons pleinement.

4.3.2 Une meilleure santé mentale

L'amour de soi a un impact significatif sur notre santé mentale. Lorsque nous nous aimons, nous sommes moins enclins à nous critiquer ou à nous juger de manière négative. Nous développons une attitude bienveillante envers nous-mêmes, ce qui réduit le stress et l'anxiété. Nous sommes plus en mesure de faire face aux épreuves de la vie et de trouver des solutions positives aux problèmes qui se présentent à nous. L'amour de soi nous permet également de développer une attitude positive envers la vie, ce qui favorise un état d'esprit optimiste et joyeux.

4.3.3 Des relations plus épanouissantes

Lorsque nous nous aimons, nous sommes en mesure d'établir des relations plus épanouissantes avec les autres. Nous sommes capables d'exprimer nos besoins et nos limites de manière claire et respectueuse. Nous sommes également plus à l'écoute des besoins des autres et nous sommes en mesure de les soutenir de manière authentique. L'amour de soi nous permet de créer des liens profonds et significatifs avec les autres, basés sur la confiance, le respect et l'amour inconditionnel.

4.3.4 Une meilleure prise de décision

L'amour de soi nous aide à prendre des décisions qui sont en accord avec nos valeurs et nos aspirations. Lorsque nous nous aimons, nous sommes en contact avec nos besoins et nos désirs les plus profonds. Nous sommes en mesure de nous écouter et de faire des choix qui nous permettent de nous épanouir pleinement. L'amour de soi nous donne également la force de dire non lorsque cela est nécessaire, ce qui nous permet de préserver notre bien-être et notre bonheur.

4.3.5 Une plus grande résilience

L'amour de soi nous donne la force de faire face aux difficultés de la vie avec résilience. Lorsque nous nous aimons, nous sommes en mesure de nous relever après un échec ou une déception. Nous sommes capables de trouver des solutions créatives aux problèmes et de persévérer malgré les obstacles. L'amour de soi nous donne la confiance nécessaire pour surmonter les défis et pour continuer à avancer vers nos objectifs.

4.3.6 Une vie plus épanouissante

En cultivant l'amour de soi, nous sommes en mesure de vivre une vie plus épanouissante. Nous sommes en harmonie avec nous-mêmes et avec le monde qui nous entoure. Nous sommes capables de trouver la joie et le bonheur dans les petites choses de la vie. L'amour de soi nous permet de vivre dans le moment présent et de savourer chaque instant. Nous sommes en mesure de créer une vie qui est en accord avec nos valeurs et nos aspirations les plus profondes.

En conclusion, l'amour de soi est essentiel pour cultiver le bonheur intérieur. Il renforce notre estime de soi, améliore notre santé mentale, favorise des relations épanouissantes, facilite la prise de décision, renforce notre résilience et nous permet de vivre une vie plus épanouissante. En pratiquant l'amour de soi au quotidien, nous sommes en mesure de trouver le bonheur et l'épanouissement dans chaque aspect de notre existence.

Chapitre 5 : Vivre dans le moment présent

5.1 La pleine conscience comme clé du bonheur intérieur

La pleine conscience, également connue sous le nom de mindfulness en anglais, est une pratique qui consiste à être pleinement conscient de l'instant présent, sans jugement ni attachement. C'est une clé essentielle pour cultiver le bonheur intérieur et vivre une vie épanouissante.

La pleine conscience nous permet de nous connecter profondément à nous-mêmes et à notre environnement, en nous aidant à être présents dans chaque moment de notre vie. Elle nous invite à observer nos pensées, nos émotions et nos sensations corporelles sans y réagir immédiatement. Cela nous permet de prendre du recul par rapport à nos pensées négatives et de cultiver une attitude de bienveillance envers nous-mêmes et les autres.

5.1.1 Pratiques pour vivre dans le moment présent

Il existe de nombreuses pratiques de pleine conscience qui peuvent nous aider à vivre dans le moment présent et à cultiver le bonheur intérieur. Voici quelques-unes de ces pratiques :

1. Méditation de pleine conscience : La méditation de pleine conscience consiste à s'asseoir confortablement, à fermer les yeux et à porter son attention sur sa respiration. On observe simplement le flux et le reflux de notre respiration, en laissant passer les pensées sans s'y attacher. Cette pratique nous aide à calmer notre esprit et à nous connecter à l'instant présent.
2. Marche en pleine conscience : La marche en pleine conscience consiste à marcher lentement et en étant pleinement conscient de chaque pas que l'on fait. On porte son attention sur les sensations dans nos pieds, nos jambes et notre corps tout entier pendant que l'on marche. Cette pratique nous permet de nous

connecter à notre corps et à l'environnement qui nous entoure.

3. Manger en pleine conscience : Manger en pleine conscience consiste à porter une attention totale à chaque bouchée que l'on prend. On observe les couleurs, les textures et les saveurs des aliments, en prenant le temps de les savourer pleinement. Cette pratique nous aide à être plus conscients de notre alimentation et à développer une relation plus saine avec la nourriture.

4. Écoute en pleine conscience : L'écoute en pleine conscience consiste à porter une attention totale à ce que l'on entend, que ce soit de la musique, des bruits de la nature ou la voix d'une personne. On écoute sans jugement ni interprétation, en étant pleinement présent à ce qui se passe dans l'instant. Cette pratique nous permet d'améliorer notre capacité d'écoute et de développer des relations plus profondes avec les autres.

5.1.2 Les bienfaits de la pleine conscience sur notre bien-être

La pratique de la pleine conscience a de nombreux bienfaits sur notre bien-être et notre bonheur intérieur. Voici quelques-uns de ces bienfaits :

1. Réduction du stress : La pleine conscience nous aide à prendre du recul par rapport à nos pensées et à nos émotions, ce qui réduit le stress et l'anxiété. En étant pleinement conscients de nos sensations corporelles et de notre respiration, nous pouvons calmer notre esprit et retrouver un état de calme intérieur.

2. Amélioration de la concentration : La pleine conscience nous aide à développer notre capacité de concentration en nous entraînant à porter notre attention sur une seule chose à la fois. Cela nous permet d'être plus présents dans nos activités quotidiennes et d'améliorer notre efficacité et notre

productivité.

3. Renforcement de la résilience émotionnelle : La pleine conscience nous aide à développer une attitude de bienveillance envers nous-mêmes et les autres, ce qui renforce notre résilience émotionnelle. En étant conscients de nos émotions et en les acceptant sans jugement, nous pouvons mieux faire face aux difficultés de la vie et trouver des solutions adaptées.

4. Amélioration des relations interpersonnelles : La pleine conscience nous aide à être plus présents et attentifs dans nos interactions avec les autres. Cela nous permet d'écouter activement, de comprendre les besoins des autres et de cultiver des relations plus harmonieuses et satisfaisantes.

En pratiquant la pleine conscience régulièrement, nous pouvons cultiver le bonheur intérieur et vivre une vie plus épanouissante. La pleine conscience nous invite à être pleinement présents dans chaque moment de notre vie, en cultivant une attitude de bienveillance envers nous-mêmes et les autres. C'est une clé précieuse pour trouver le bonheur intérieur et vivre une vie épanouissante.

5.2 Pratiques pour vivre dans le moment présent

Vivre dans le moment présent est une pratique essentielle pour cultiver le bonheur intérieur. Trop souvent, nous sommes absorbés par nos pensées sur le passé ou le futur, ce qui nous empêche de pleinement apprécier et vivre le moment présent. Cependant, en développant notre capacité à être pleinement conscients de l'instant présent, nous pouvons trouver une plus grande paix intérieure et une plus grande satisfaction dans notre vie.

5.2.1 La respiration consciente

La respiration consciente est l'une des pratiques les plus simples et les plus puissantes pour nous ramener dans le moment présent. Prenez quelques instants pour vous asseoir confortablement et fermez les yeux. Portez votre attention sur votre respiration, en remarquant l'entrée et la sortie de l'air dans vos poumons. Sentez votre ventre se gonfler à l'inspiration et se dégonfler à l'expiration. Laissez vos pensées passer sans vous y attacher, en vous concentrant simplement sur votre respiration. Cette pratique vous permettra de vous ancrer dans le moment présent et de calmer votre esprit.

5.2.2 L'observation des sensations corporelles

Une autre pratique pour vivre dans le moment présent consiste à observer les sensations corporelles. Asseyez-vous confortablement et portez votre attention sur votre corps. Remarquez les sensations de chaleur ou de fraîcheur, de tension ou de détente, de picotements ou de douceur. Soyez simplement présent à ces sensations, sans jugement ni analyse. Cette pratique vous permettra de vous connecter avec votre corps et de vous ancrer dans le moment présent.

5.2.3 L'observation des pensées et des émotions

Une autre pratique pour vivre dans le moment présent consiste à observer vos pensées et vos émotions. Asseyez-vous confortablement et portez votre attention sur votre esprit. Remarquez les pensées qui traversent votre esprit, sans vous y attacher. Observez-les simplement passer, comme des nuages dans le ciel. De la même manière, observez vos émotions, sans vous y identifier. Laissez-les venir et partir, sans chercher à les contrôler. Cette pratique vous permettra de prendre du recul par rapport à vos pensées et vos émotions, et de vous ancrer dans le moment présent.

5.2.4 La pratique de la pleine conscience dans les activités quotidiennes

Une autre façon de vivre dans le moment présent est de pratiquer la pleine conscience dans vos activités quotidiennes. Que ce soit en mangeant, en marchant, en prenant une douche ou en faisant la vaisselle, essayez d'être pleinement présent à l'activité que vous êtes en train de faire. Portez votre attention sur les sensations, les odeurs, les goûts et les mouvements. Soyez conscient de chaque geste que vous faites. Cette pratique vous permettra de vous reconnecter avec le moment présent et de trouver une plus grande satisfaction dans les tâches les plus simples de la vie quotidienne.

5.2.5 La pratique de la méditation de pleine conscience

Enfin, la pratique de la méditation de pleine conscience est un excellent moyen de vivre dans le moment présent. Asseyez-vous confortablement et fermez les yeux. Portez votre attention sur votre respiration, en remarquant l'entrée et la sortie de l'air dans vos poumons. Laissez vos pensées passer sans vous y attacher, en vous concentrant simplement sur votre respiration. Si votre esprit s'éloigne, ramenez doucement votre attention sur votre respiration. Cette pratique vous permettra de développer votre capacité à être pleinement présent à chaque instant de votre vie.

En pratiquant régulièrement ces exercices, vous développerez votre capacité à vivre dans le moment présent. Vous découvrirez une plus grande paix intérieure, une plus grande clarté d'esprit et une plus grande satisfaction dans votre vie quotidienne. Alors, prenez le temps de vous arrêter, de respirer et de vous connecter avec le moment présent. Vous serez étonné des bienfaits que cela apportera à votre bonheur intérieur.

5.3 Les bienfaits de la pleine conscience sur notre bien-être

La pleine conscience, également connue sous le nom de mindfulness, est une pratique qui consiste à être pleinement conscient de l'instant présent, sans jugement ni attachement. C'est une pratique qui nous permet de nous connecter avec nous-mêmes et avec le monde qui nous entoure de manière profonde et authentique. Dans ce chapitre, nous allons explorer les nombreux bienfaits de la pleine conscience sur notre bien-être.

5.3.1 Réduction du stress et de l'anxiété

L'un des principaux bienfaits de la pleine conscience est sa capacité à réduire le stress et l'anxiété. En étant pleinement présent dans l'instant présent, nous sommes moins susceptibles de nous laisser emporter par nos pensées et nos préoccupations. La pleine conscience nous permet de prendre du recul par rapport à nos pensées et de les observer sans jugement. Cela nous aide à nous libérer de l'emprise du stress et de l'anxiété, et à trouver un état de calme et de sérénité intérieure.

5.3.2 Amélioration de la concentration et de la clarté mentale

La pratique de la pleine conscience nous aide également à améliorer notre concentration et notre clarté mentale. En nous entraînant à être pleinement présents dans l'instant présent, nous développons notre capacité à nous concentrer sur une tâche donnée sans nous laisser distraire par nos pensées ou nos émotions. Cela nous permet d'être plus efficaces et productifs dans nos activités quotidiennes, et de prendre des décisions plus éclairées.

5.3.3 Renforcement de la résilience émotionnelle

La pleine conscience nous aide à développer une plus grande résilience émotionnelle. En étant pleinement conscients de nos émotions, nous sommes en mesure de les reconnaître, de les accepter et de les laisser passer sans nous y attacher. Cela nous permet de faire face aux défis et aux difficultés de la vie avec plus de calme et de sérénité. La pleine conscience nous aide à cultiver une attitude de bienveillance envers nous-mêmes et envers les autres, ce qui renforce notre capacité à faire face aux épreuves de la vie avec compassion et compassion.

5.3.4 Amélioration de la qualité du sommeil

La pratique de la pleine conscience peut également améliorer la qualité de notre sommeil. En nous entraînant à être pleinement présents dans l'instant présent, nous sommes moins susceptibles de nous laisser emporter par nos pensées et nos préoccupations au moment du coucher. Cela nous permet de nous détendre plus facilement et de nous endormir plus rapidement. De plus, la pleine conscience nous aide à développer une plus grande conscience de notre corps et de nos sensations, ce qui peut nous aider à détecter les signes de tension et de stress physique et à les relâcher avant d'aller dormir.

5.3.5 Renforcement de la compassion et de l'empathie

La pratique de la pleine conscience nous aide à développer une plus grande compassion et empathie envers nous-mêmes et envers les autres. En étant pleinement présents dans l'instant présent, nous sommes plus à même de reconnaître et de comprendre les souffrances des autres. Cela nous permet d'agir avec bienveillance et compassion envers les autres, et de cultiver des relations plus harmonieuses et épanouissantes. De plus, la pleine conscience nous aide à cultiver une attitude de bienveillance envers nous-mêmes, ce qui renforce notre estime de soi et notre capacité à prendre soin de nous-mêmes.

5.3.6 Amélioration de la santé mentale

La pratique de la pleine conscience a également été associée à une amélioration de la santé mentale. Des études ont montré que la pleine conscience peut réduire les symptômes de la dépression, de l'anxiété et du stress post-traumatique. En étant pleinement présents dans l'instant présent, nous sommes en mesure de reconnaître et de faire face à nos pensées et émotions négatives de manière plus constructive. Cela nous permet de développer une plus grande résilience mentale et de trouver un état de bien-être et de bonheur intérieur.

En conclusion, la pratique de la pleine conscience offre de nombreux bienfaits pour notre bien-être. Elle nous aide à réduire le stress et l'anxiété, à améliorer notre concentration et notre clarté mentale, à renforcer notre résilience émotionnelle, à améliorer la qualité de notre sommeil, à renforcer notre compassion et notre empathie, et à améliorer notre santé mentale. En intégrant la pleine conscience dans notre vie quotidienne, nous pouvons cultiver un état de bonheur intérieur durable et épanouissant.

Chapitre 6 : Cultiver des relations harmonieuses

6.1 L'importance des relations harmonieuses

Les relations que nous entretenons avec les autres jouent un rôle essentiel dans notre bonheur intérieur. En effet, les interactions sociales et les liens que nous créons avec les personnes qui nous entourent ont un impact significatif sur notre bien-être émotionnel et notre épanouissement personnel. Cultiver des relations harmonieuses est donc essentiel pour atteindre un état de bonheur intérieur durable.

6.1.1 L'importance de la connexion humaine

L'être humain est un être social par nature. Nous avons besoin de nous connecter avec les autres, d'établir des liens et de partager des expériences. Les relations harmonieuses nous permettent de nous sentir compris, soutenus et aimés. Elles nous offrent un sentiment d'appartenance et de sécurité émotionnelle. Lorsque nous entretenons des relations positives et équilibrées, nous nous sentons plus heureux et plus épanouis.

6.1.2 Les bienfaits des relations harmonieuses

Cultiver des relations harmonieuses a de nombreux bienfaits sur notre bonheur intérieur. Voici quelques-uns des avantages que nous pouvons en tirer :

1. Le soutien émotionnel

Lorsque nous entretenons des relations harmonieuses, nous avons accès à un soutien émotionnel précieux. Nous pouvons partager nos joies, nos peines, nos doutes et nos réussites avec les personnes qui nous sont chères. Ce soutien nous aide à traverser les moments difficiles et à célébrer les moments de bonheur. Il nous permet de nous sentir compris, écoutés et aimés.

2. L'épanouissement personnel

Les relations harmonieuses favorisent notre épanouissement personnel. En étant entourés de personnes positives et bienveillantes, nous sommes encouragés à nous développer, à explorer de nouvelles opportunités et à réaliser notre plein potentiel. Les personnes qui nous soutiennent inconditionnellement nous aident à croire en nous-mêmes et à surmonter nos peurs et nos doutes.

3. La réduction du stress

Les relations harmonieuses ont un effet apaisant sur notre niveau de stress. Lorsque nous nous sentons soutenus et aimés, notre niveau de stress diminue. Les personnes avec lesquelles nous entretenons des relations harmonieuses peuvent nous aider à gérer les situations stressantes, à trouver des solutions et à nous apporter un soutien émotionnel. Le simple fait de partager nos préoccupations avec quelqu'un de confiance peut nous soulager d'un poids émotionnel.

4. L'amélioration de notre santé mentale

Les relations harmonieuses ont un impact positif sur notre santé mentale. Elles nous aident à développer une estime de soi positive, à renforcer notre confiance en nous et à cultiver un sentiment de sécurité émotionnelle. Les personnes qui nous entourent peuvent également nous aider à prendre du recul, à voir les choses sous un angle différent et à trouver des solutions à nos problèmes. Avoir des relations harmonieuses contribue à notre équilibre émotionnel et à notre bien-être mental.

6.1.3 Pratiques pour cultiver des relations harmonieuses

Cultiver des relations harmonieuses demande un investissement de notre part. Voici quelques pratiques simples que nous pouvons adopter pour favoriser des relations positives et équilibrées :

1. L'écoute active

Lorsque nous interagissons avec les autres, il est essentiel de pratiquer l'écoute active. Cela signifie être pleinement présent et attentif à ce que l'autre personne dit. Évitez les distractions et les jugements, et montrez de l'empathie envers l'autre personne. L'écoute active renforce la connexion et favorise une communication ouverte et respectueuse.

2. La communication non violente

La communication non violente est une approche qui favorise des relations harmonieuses. Elle consiste à exprimer nos besoins et nos sentiments de manière respectueuse, sans jugement ni agressivité. Apprenez à communiquer de manière claire et bienveillante, en prenant en compte les besoins et les sentiments de l'autre personne. La communication non violente favorise la compréhension mutuelle et la résolution pacifique des conflits.

3. La gratitude envers les autres

Exprimer sa gratitude envers les autres est une pratique puissante pour cultiver des relations harmonieuses. Prenez le temps de remercier les personnes qui vous entourent pour leur soutien, leur présence et leur amour. Montrez votre appréciation sincère et faites preuve de reconnaissance envers les actions positives des autres. La gratitude renforce les liens et crée une atmosphère de bienveillance et de positivité.

4. L'empathie et la compassion

L'empathie et la compassion sont des qualités essentielles pour cultiver des relations harmonieuses. Mettez-vous à la place des autres, essayez de comprendre leurs émotions et leurs besoins, et montrez-leur de la compassion. Soyez présent pour les autres dans les moments difficiles et offrez-leur votre soutien inconditionnel. L'empathie et la compassion renforcent les liens et créent un environnement de confiance et de bienveillance.

Conclusion

Cultiver des relations harmonieuses est un élément clé du bonheur intérieur. Les interactions positives et équilibrées que nous entretenons avec les autres ont un impact significatif sur notre bien-être émotionnel et notre épanouissement personnel. En adoptant des pratiques telles que l'écoute active, la communication non violente, la gratitude, l'empathie et la compassion, nous pouvons favoriser des relations harmonieuses et créer un environnement propice à notre bonheur intérieur.

6.2 Pratiques pour cultiver des relations harmonieuses

Les relations harmonieuses sont essentielles pour notre bonheur intérieur. Lorsque nous entretenons des relations saines et positives avec les autres, nous nous sentons plus épanouis et comblés. Cultiver des relations harmonieuses demande du temps, de l'effort et de la communication, mais les bienfaits en valent la peine. Dans cette section, nous explorerons quelques pratiques simples pour cultiver des relations harmonieuses dans notre vie quotidienne.

6.2.1 Écoute active

L'écoute active est une compétence précieuse pour établir des relations harmonieuses. Lorsque nous écoutons activement les autres, nous leur montrons que nous les respectons et que nous nous soucions de ce qu'ils ont à dire. Pour pratiquer l'écoute active, il est important de se concentrer pleinement sur la personne qui parle, d'éviter les distractions et de suspendre tout jugement. Posez des questions ouvertes pour encourager l'autre à s'exprimer davantage et réfléchissez à ce qui a été dit avant de répondre. L'écoute active renforce la confiance et favorise une communication plus profonde et plus significative.

6.2.2 Communication non violente

La communication non violente est un outil puissant pour cultiver des relations harmonieuses. Elle repose sur l'empathie, l'authenticité et la bienveillance. Lorsque nous utilisons la communication non violente, nous exprimons nos besoins et nos sentiments de manière respectueuse, sans blâmer ni critiquer l'autre personne. Nous écoutons également activement les besoins et les sentiments de l'autre personne. La communication non violente favorise une compréhension mutuelle et aide à résoudre les conflits de manière pacifique.

6.2.3 Pratiquer la gratitude envers les autres

La gratitude envers les autres est une pratique puissante pour cultiver des relations harmonieuses. Exprimer notre gratitude envers les personnes qui nous entourent renforce les liens et crée un sentiment de connexion profonde. Prenez le temps chaque jour pour exprimer votre gratitude envers les personnes qui vous sont chères. Cela peut être aussi simple que de dire "merci" ou d'envoyer une note de remerciement. La gratitude envers les autres crée une atmosphère positive et encourage les autres à continuer à être présents dans notre vie.

6.2.4 Cultiver l'empathie

L'empathie est la capacité de se mettre à la place des autres et de comprendre leurs émotions et leurs expériences. Cultiver l'empathie dans nos relations nous permet de mieux comprendre les autres et de créer des liens plus profonds. Pour cultiver l'empathie, prenez le temps de vous mettre à la place de l'autre personne et d'imaginer ce qu'elle peut ressentir. Soyez ouvert et réceptif à ses émotions et offrez-lui un espace sûr pour s'exprimer. L'empathie renforce la compassion et favorise des relations harmonieuses basées sur la compréhension mutuelle.

6.2.5 Pratiquer la tolérance et le respect

La tolérance et le respect sont des valeurs essentielles pour cultiver des relations harmonieuses. Chaque personne est unique et a ses propres opinions, croyances et valeurs. Il est important de respecter ces différences et de faire preuve de tolérance envers les autres. Évitez de juger ou de critiquer les choix et les actions des autres. Au lieu de cela, cherchez à comprendre et à accepter les différences. La tolérance et le respect créent un environnement propice à des relations harmonieuses et épanouissantes.

6.2.6 Pratiquer la collaboration

La collaboration est une pratique clé pour cultiver des relations harmonieuses, que ce soit dans le cadre professionnel, familial ou amical. Lorsque nous collaborons avec les autres, nous travaillons ensemble vers un objectif commun, en partageant nos idées, nos compétences et nos ressources. La collaboration favorise la confiance, la créativité et la résolution de problèmes. Soyez ouvert à la collaboration et cherchez des opportunités de travailler en équipe avec les autres. Cela renforcera les liens et créera des relations harmonieuses basées sur la coopération et le soutien mutuel.

Cultiver des relations harmonieuses demande de la patience, de la compréhension et de l'engagement. En pratiquant l'écoute active, la communication non violente, la gratitude envers les autres, l'empathie, la tolérance, le respect et la collaboration, nous pouvons créer des relations plus profondes, plus significatives et plus épanouissantes. Prenez le temps d'investir dans vos relations et vous récolterez les bienfaits d'une vie remplie de bonheur intérieur.

6.3 Les bienfaits des relations harmonieuses sur notre bonheur

Les relations harmonieuses jouent un rôle essentiel dans notre bonheur intérieur. Lorsque nous entretenons des relations saines et positives avec les autres, cela a un impact profond sur notre bien-être émotionnel, mental et même physique. Dans cette section, nous explorerons les nombreux bienfaits des relations harmonieuses sur notre bonheur.

6.3.1 Une source de soutien et de réconfort

Les relations harmonieuses nous offrent un soutien inestimable dans les moments difficiles. Lorsque nous sommes entourés de personnes qui nous comprennent, nous soutiennent et nous encouragent, nous nous sentons plus forts et plus confiants pour faire face aux défis de la vie. Ces relations nous offrent un espace sûr où nous pouvons exprimer nos émotions, partager nos préoccupations et trouver du réconfort. Le simple fait de savoir que nous avons des personnes sur qui compter en cas de besoin peut grandement améliorer notre bien-être émotionnel et notre bonheur.

6.3.2 Une augmentation de l'estime de soi

Les relations harmonieuses contribuent également à renforcer notre estime de soi. Lorsque nous sommes entourés de personnes qui nous valorisent, nous respectent et nous soutiennent, nous nous sentons plus en confiance et plus acceptés tels que nous sommes. Ces relations positives nous aident à développer une image de nous-mêmes plus positive et à croire en nos propres capacités. Lorsque nous nous sentons aimés et appréciés par les autres, cela renforce notre estime de soi et contribue à notre bonheur intérieur.

6.3.3 Une amélioration de notre santé mentale

Les relations harmonieuses ont un impact significatif sur notre santé mentale. Lorsque nous entretenons des relations positives et épanouissantes, nous sommes moins susceptibles de ressentir des sentiments de solitude, d'isolement ou de dépression. Les interactions sociales positives stimulent notre cerveau et libèrent des hormones du bonheur, telles que l'ocytocine, qui favorisent notre bien-être émotionnel. De plus, les relations harmonieuses nous offrent un soutien émotionnel et nous aident à faire face au stress et aux difficultés de la vie, ce qui réduit notre vulnérabilité aux problèmes de santé mentale.

6.3.4 Une augmentation de notre bonheur global

Les relations harmonieuses ont un impact direct sur notre bonheur global. Lorsque nous entretenons des liens positifs avec les autres, nous ressentons un sentiment de connexion et d'appartenance qui nourrit notre âme. Ces relations nous apportent de la joie, du plaisir et du bonheur au quotidien. Le simple fait de passer du temps avec des personnes que nous aimons et qui nous aiment nous procure un sentiment de bonheur profond. Les moments de partage, de rire et de complicité renforcent notre bonheur intérieur et nous aident à cultiver une attitude positive envers la vie.

6.3.5 Une amélioration de notre qualité de vie

Les relations harmonieuses ont également un impact sur notre qualité de vie globale. Lorsque nous entretenons des relations positives, nous sommes plus susceptibles de vivre des expériences enrichissantes et significatives. Les moments de partage, de collaboration et de soutien mutuel nous permettent de grandir, d'apprendre et de nous épanouir en tant qu'individus. De plus, les relations harmonieuses nous offrent des opportunités de créer des souvenirs précieux et de partager des moments de bonheur avec les autres. Ces expériences positives contribuent à notre bien-être global et à notre satisfaction dans la vie.

En conclusion, les relations harmonieuses sont essentielles pour notre bonheur intérieur. Elles nous offrent un soutien émotionnel, renforcent notre estime de soi, améliorent notre santé mentale, augmentent notre bonheur global et améliorent notre qualité de vie. Cultiver des relations positives et épanouissantes avec les autres est donc une pratique essentielle pour vivre une vie épanouissante et heureuse. Prenez le temps de nourrir vos relations, d'exprimer votre gratitude envers les autres et de cultiver des liens harmonieux. Vous en récolterez les bienfaits sur votre bonheur et votre bien-être.

Chapitre 7 : Trouver sa passion et son but dans la vie

7.1 L'importance de trouver sa passion et son but

Trouver sa passion et son but dans la vie est essentiel pour cultiver un bonheur intérieur durable et épanouissant. Lorsque nous sommes alignés avec nos passions et nos aspirations les plus profondes, nous ressentons un sentiment de satisfaction et de plénitude qui transcende les obstacles et les difficultés de la vie quotidienne. Dans cette section, nous explorerons l'importance de trouver sa passion et son but, ainsi que des pratiques pour vous aider à découvrir votre véritable voie.

7.1.1 Comprendre sa passion et son but

La passion et le but sont deux concepts étroitement liés, mais ils ont des significations distinctes. La passion est ce qui nous anime, ce qui nous fait vibrer et nous donne de l'énergie. C'est ce qui nous passionne et nous rend enthousiastes. Le but, quant à lui, est notre raison d'être, notre mission dans la vie. C'est ce qui donne un sens à nos actions et nous guide vers une vie épanouissante.

Trouver sa passion consiste à identifier les activités, les sujets ou les domaines qui nous passionnent réellement. Cela peut être quelque chose que nous aimons faire depuis notre enfance ou une nouvelle découverte qui nous a profondément touchés. Il est important d'explorer différentes activités et de rester ouvert à de nouvelles expériences pour découvrir ce qui nous passionne vraiment.

Trouver son but, quant à lui, nécessite une réflexion plus profonde sur nos valeurs, nos talents et nos aspirations. Cela implique de se poser des questions sur ce qui nous importe le plus dans la vie, sur ce que nous voulons accomplir et sur l'impact que nous voulons avoir sur le monde qui nous entoure. Trouver son but demande du temps et de l'introspection, mais c'est un voyage qui en vaut la peine.

7.1.2 Les bienfaits de trouver sa passion et son but

Trouver sa passion et son but dans la vie a de nombreux bienfaits sur notre bonheur et notre bien-être. Voici quelques-uns des avantages que cela peut apporter :

1. Un sentiment de direction et de clarté

Lorsque nous avons trouvé notre passion et notre but, nous avons une vision claire de ce que nous voulons accomplir dans la vie. Cela nous donne un sentiment de direction et de clarté, ce qui nous permet de prendre des décisions plus facilement et de nous concentrer sur ce qui est vraiment important pour nous.

2. Une motivation et une énergie accrues

Lorsque nous sommes alignés avec notre passion et notre but, nous sommes naturellement motivés et énergisés. Nous avons une source inépuisable de motivation interne qui nous pousse à persévérer et à surmonter les obstacles. Cela nous permet de rester engagés et enthousiastes dans nos actions.

3. Un sentiment de satisfaction et d'accomplissement

Lorsque nous vivons notre passion et notre but, nous ressentons un profond sentiment de satisfaction et d'accomplissement. Nous avons l'impression de vivre une vie qui a du sens et qui contribue à quelque chose de plus grand que nous-mêmes. Cela nourrit notre estime de soi et renforce notre confiance en nous.

4. Une meilleure santé mentale et émotionnelle

Vivre sa passion et son but a également un impact positif sur notre santé mentale et émotionnelle. Cela nous aide à trouver un équilibre entre notre vie personnelle et professionnelle, à gérer le stress et à cultiver des émotions positives. Lorsque nous sommes alignés avec notre véritable voie, nous sommes plus résilients face aux défis de la vie et nous avons une meilleure capacité à faire face aux difficultés.

7.1.3 Pratiques pour découvrir sa passion et son but

Découvrir sa passion et son but est un processus personnel et unique pour chaque individu. Voici quelques pratiques qui peuvent vous aider à explorer votre véritable voie :

1. L'exploration de soi

Prenez le temps de vous connaître vous-même. Faites une liste de vos intérêts, de vos talents et de vos valeurs. Réfléchissez à ce qui vous passionne et à ce qui vous donne un sentiment de satisfaction. Explorez de nouveaux domaines et essayez de nouvelles activités pour découvrir ce qui vous inspire vraiment.

2. La méditation et la réflexion

La méditation et la réflexion sont des outils puissants pour se connecter avec son moi intérieur et découvrir sa passion et son but. Prenez du temps chaque jour pour méditer et réfléchir sur ce qui vous rend vraiment heureux et ce que vous voulez accomplir dans la vie. Écoutez votre intuition et suivez votre cœur.

3. L'expérimentation

N'ayez pas peur d'expérimenter de nouvelles choses. Essayez différents emplois, activités ou projets pour découvrir ce qui vous passionne vraiment. Soyez ouvert aux opportunités et aux expériences qui se présentent à vous. Parfois, il faut essayer plusieurs choses avant de trouver sa véritable passion.

4. Le soutien et l'inspiration

Entourez-vous de personnes qui vous soutiennent et vous inspirent. Partagez vos aspirations et vos rêves avec des amis proches ou des mentors. Échangez des idées et des expériences avec d'autres personnes qui ont trouvé leur passion et leur but dans la vie. Leur soutien et leur inspiration peuvent vous aider à trouver votre propre voie.

Conclusion

Trouver sa passion et son but dans la vie est un voyage personnel et profondément gratifiant. Cela demande du temps, de la réflexion et de l'exploration de soi, mais les récompenses en valent la peine. Lorsque nous vivons en accord avec notre passion et notre but, nous cultivons un bonheur intérieur durable et épanouissant. Alors, prenez le temps de vous connecter avec vous-même, d'explorer vos passions et de découvrir votre véritable voie. Votre bonheur intérieur en dépend.

7.2 Pratiques pour découvrir sa passion et son but

La découverte de sa passion et de son but dans la vie est une étape essentielle pour cultiver un bonheur intérieur durable. Lorsque nous trouvons ce qui nous passionne et ce qui donne un sens à notre existence, nous sommes plus motivés, plus épanouis et plus en harmonie avec nous-mêmes. Cependant, il n'est pas toujours facile de savoir quelles sont nos véritables passions et notre but dans la vie. Heureusement, il existe des pratiques qui peuvent nous aider à les découvrir.

7.2.1 L'exploration de soi

La première étape pour découvrir sa passion et son but est de se connaître soi-même. Prenez le temps de réfléchir à vos intérêts, à vos valeurs et à ce qui vous fait vibrer. Posez-vous des questions telles que : Qu'est-ce qui me passionne ? Qu'est-ce qui me rend heureux ? Quelles sont mes valeurs fondamentales ? Quels sont mes talents et mes compétences ? En explorant ces aspects de vous-même, vous pourrez commencer à identifier ce qui vous motive réellement.

7.2.2 Expérimenter de nouvelles activités

Une autre façon de découvrir sa passion et son but est d'expérimenter de nouvelles activités. Essayez des choses différentes, sortez de votre zone de confort et ouvrez-vous à de nouvelles expériences. Que ce soit la danse, la peinture, l'écriture, le jardinage ou toute autre activité qui vous intrigue, laissez-vous guider par votre curiosité et votre intuition. En essayant de nouvelles choses, vous pourriez découvrir des passions insoupçonnées et des talents cachés.

7.2.3 Se connecter avec ses émotions

Nos émotions peuvent être de puissants indicateurs de ce qui nous passionne réellement. Prenez le temps d'écouter vos émotions et de les comprendre. Quelles activités vous procurent de la joie, de l'excitation et de l'enthousiasme ? Quelles activités vous font perdre la notion du temps ? Quelles activités vous donnent un sentiment de satisfaction profonde ? En vous connectant avec vos émotions, vous pourrez identifier les activités qui vous passionnent vraiment.

7.2.4 Réfléchir à son impact sur le monde

La découverte de sa passion et de son but ne concerne pas seulement nos propres intérêts et désirs, mais aussi l'impact que nous voulons avoir sur le monde qui nous entoure. Réfléchissez à la façon dont vous aimeriez contribuer à la société, à la communauté ou à la planète. Quels sont les problèmes qui vous tiennent à cœur ? Quels sont les domaines dans lesquels vous aimeriez apporter votre contribution ? En réfléchissant à votre impact potentiel, vous pourrez trouver votre passion et votre but en alignant vos intérêts personnels avec un objectif plus grand.

7.2.5 Se donner le temps et la patience

La découverte de sa passion et de son but ne se fait pas du jour au lendemain. Cela demande du temps, de la patience et de l'exploration. Ne vous précipitez pas et ne vous découragez pas si vous ne trouvez pas immédiatement ce qui vous passionne. Soyez ouvert à l'expérience et laissez-vous guider par votre intuition. Parfois, il faut essayer différentes choses avant de trouver ce qui résonne vraiment en nous.

7.2.6 Se faire accompagner

Si vous avez du mal à découvrir votre passion et votre but, n'hésitez pas à vous faire accompagner par un coach ou un mentor. Ces professionnels peuvent vous aider à explorer vos intérêts, à clarifier vos valeurs et à trouver votre voie. Ils peuvent vous poser des questions pertinentes, vous guider dans vos réflexions et vous donner des outils pour vous aider dans votre cheminement. Se faire accompagner peut être une précieuse aide pour découvrir sa passion et son but dans la vie.

La découverte de sa passion et de son but est un voyage personnel et unique. Chacun de nous a des talents, des intérêts et des aspirations différents. En utilisant ces pratiques, vous pourrez vous rapprocher de votre véritable essence et cultiver un bonheur intérieur profond et durable. Prenez le temps d'explorer, d'expérimenter et de vous connecter avec vous-même. Vous méritez de vivre une vie épanouissante et alignée avec votre passion et votre but.

7.3 Les bienfaits de vivre sa passion et son but

Vivre sa passion et son but dans la vie est une expérience profondément gratifiante qui peut apporter de nombreux bienfaits à notre bonheur intérieur. Lorsque nous trouvons ce qui nous passionne et que nous nous engageons pleinement dans cette voie, nous découvrons un sentiment de satisfaction et de plénitude qui peut transformer notre vie de manière significative.

7.3.1 Une source d'épanouissement personnel

Lorsque nous vivons notre passion et notre but, nous nous sentons pleinement vivants. Nous sommes animés par une énergie positive et une motivation intrinsèque qui nous pousse à nous dépasser et à donner le meilleur de nous-mêmes. Cette passion nous donne un sentiment de direction et de but dans la vie, ce qui peut nous aider à surmonter les obstacles et à persévérer face aux difficultés. En vivant notre passion, nous nous épanouissons en tant qu'individus et nous découvrons notre véritable potentiel.

7.3.2 Une source de joie et de satisfaction

Lorsque nous vivons notre passion, nous ressentons une profonde joie et une satisfaction intérieure. Nous sommes alignés avec nos valeurs et nos désirs les plus profonds, ce qui nous permet de vivre une vie authentique et épanouissante. Chaque jour, nous nous réveillons avec enthousiasme et excitation, car nous savons que nous sommes en train de faire ce que nous aimons. Cette joie et cette satisfaction se reflètent dans tous les aspects de notre vie, que ce soit dans nos relations, notre travail ou nos loisirs.

7.3.3 Une source de motivation et de persévérance

Lorsque nous vivons notre passion et notre but, nous sommes motivés intrinsèquement à atteindre nos objectifs. Nous sommes prêts à faire les efforts nécessaires et à surmonter les obstacles qui se présentent sur notre chemin. La passion nous donne une force intérieure qui nous pousse à persévérer, même lorsque les choses deviennent difficiles. Nous sommes prêts à sortir de notre zone de confort et à prendre des risques pour poursuivre notre passion. Cette motivation et cette persévérance nous aident à surmonter les échecs et à continuer à avancer vers la réalisation de nos rêves.

7.3.4 Une source de créativité et d'innovation

Vivre sa passion et son but dans la vie nous permet d'exprimer notre créativité et notre innovation. Lorsque nous sommes passionnés par ce que nous faisons, nous sommes plus enclins à penser de manière créative et à trouver des solutions originales aux problèmes qui se présentent à nous. Notre passion nous pousse à sortir des sentiers battus et à explorer de nouvelles idées et de nouvelles perspectives. Cette créativité et cette innovation peuvent non seulement enrichir notre vie personnelle, mais aussi contribuer à notre contribution à la société.

7.3.5 Une source de connexion et de partage

Lorsque nous vivons notre passion, nous avons souvent l'occasion de nous connecter avec d'autres personnes partageant les mêmes intérêts. Nous pouvons rejoindre des communautés ou des groupes qui partagent notre passion, ce qui nous permet de nous sentir compris et soutenus. Ces connexions peuvent être une source de soutien et d'inspiration, et peuvent également nous offrir des opportunités de collaboration et de partage d'idées. En vivant notre passion, nous pouvons contribuer à créer un réseau de personnes qui partagent notre vision et qui peuvent nous aider à atteindre nos objectifs.

7.3.6 Une source de sens et de contribution

Vivre sa passion et son but dans la vie nous donne un sentiment profond de sens et de contribution. Nous avons l'impression de faire une différence dans le monde et d'avoir un impact positif sur les autres. Notre passion peut nous amener à aider les autres, à partager nos connaissances et nos compétences, ou à travailler pour une cause qui nous tient à cœur. Cette contribution nous donne un sentiment de satisfaction et de réalisation, et nous permet de laisser notre empreinte dans le monde.

En conclusion, vivre sa passion et son but dans la vie peut apporter de nombreux bienfaits à notre bonheur intérieur. Cela nous permet de nous épanouir personnellement, de ressentir de la joie et de la satisfaction, d'être motivés et persévérants, d'exprimer notre créativité et notre innovation, de nous connecter avec d'autres personnes partageant les mêmes intérêts, et de trouver un sens et une contribution dans notre vie. Trouver et vivre sa passion est un voyage personnel, mais c'est un voyage qui en vaut la peine pour atteindre un bonheur intérieur durable et épanouissant.

Chapitre 8 : Pratiquer la gratitude envers les autres

8.1 L'importance de la gratitude envers les autres

La gratitude est une émotion puissante qui peut avoir un impact profond sur notre bonheur intérieur. Lorsque nous exprimons notre gratitude envers les autres, nous reconnaissons et apprécions les bienfaits et les actes de bonté qu'ils ont envers nous. Cela crée un lien positif entre nous et les autres, renforçant ainsi nos relations et notre bien-être émotionnel.

8.1.1 Cultiver la gratitude envers les autres

La gratitude envers les autres est une pratique qui consiste à reconnaître et à exprimer notre reconnaissance envers les personnes qui nous entourent. Cela peut être fait de différentes manières, que ce soit par des mots, des gestes ou des actions. Voici quelques pratiques simples pour cultiver la gratitude envers les autres :

1. Exprimez votre reconnaissance : Prenez le temps de dire "merci" aux personnes qui vous ont aidé, soutenu ou apporté du bonheur dans votre vie. Que ce soit un ami, un membre de votre famille, un collègue ou même un étranger, exprimer votre gratitude peut renforcer les liens et créer une atmosphère positive.

2. Écrivez des lettres de gratitude : Prenez l'habitude d'écrire des lettres de gratitude à ceux qui ont eu un impact positif dans votre vie. Décrivez ce que vous appréciez chez eux et comment ils ont contribué à votre bonheur. Vous pouvez choisir de leur envoyer ces lettres ou simplement les garder pour vous-même.

3. Faites des actes de bonté : Montrez votre gratitude envers les autres en faisant des actes de bonté. Cela peut être aussi simple que d'offrir un sourire, d'aider quelqu'un dans le besoin ou de faire un geste gentil. Ces petites actions peuvent avoir un

impact significatif sur les autres et renforcer votre propre sentiment de gratitude.

4. Partagez votre temps et vos compétences : Offrez votre temps et vos compétences aux autres de manière désintéressée. Que ce soit en faisant du bénévolat, en aidant un ami dans le besoin ou en partageant vos connaissances, ces actions montrent votre gratitude envers les autres et contribuent à créer une société plus harmonieuse.

8.1.2 Les bienfaits de la gratitude envers les autres sur notre bonheur

La pratique de la gratitude envers les autres peut avoir de nombreux bienfaits sur notre bonheur intérieur. Voici quelques-uns des avantages que cela peut apporter :

1. Renforcement des relations : Exprimer notre gratitude envers les autres renforce les liens et crée une atmosphère de confiance et de bienveillance. Cela favorise des relations harmonieuses et épanouissantes, tant sur le plan personnel que professionnel.

2. Amélioration de l'estime de soi : En exprimant notre gratitude envers les autres, nous reconnaissons également notre propre valeur et notre capacité à apprécier les actes de bonté. Cela renforce notre estime de soi et notre confiance en nous-mêmes.

3. Réduction du stress : La gratitude envers les autres nous permet de nous concentrer sur les aspects positifs de notre vie, ce qui réduit le stress et l'anxiété. En reconnaissant les bienfaits que nous recevons des autres, nous cultivons un état d'esprit positif et optimiste.

4. Augmentation du bonheur : La gratitude envers les autres nous permet de voir la beauté et la bonté qui nous entourent. Cela nous aide à apprécier les petites choses de la vie et à cultiver un sentiment de bonheur durable.

En pratiquant la gratitude envers les autres, nous ouvrons notre cœur à la générosité et à la compassion. Cela crée un cercle vertueux où notre gratitude envers les autres nourrit notre bonheur intérieur, qui à son tour se reflète dans nos relations et notre bien-être global. Alors, prenons le temps d'exprimer notre gratitude envers les autres et cultivons ainsi un bonheur intérieur durable.

8.2 Pratiques pour exprimer sa gratitude envers les autres

La gratitude envers les autres est une pratique puissante qui peut avoir un impact profond sur notre bonheur intérieur. Lorsque nous exprimons notre gratitude envers les autres, nous reconnaissons et apprécions les actions, les gestes et les qualités positives qu'ils apportent dans notre vie. Cela crée un sentiment de connexion, de reconnaissance et de bien-être tant pour nous que pour les personnes que nous remercions.

Il existe de nombreuses façons de pratiquer la gratitude envers les autres. Voici quelques pratiques simples mais efficaces que vous pouvez intégrer dans votre vie quotidienne pour cultiver cette gratitude :

8.2.1 Tenir un journal de gratitude

Prenez quelques minutes chaque jour pour écrire dans un journal les choses pour lesquelles vous êtes reconnaissant envers les autres. Cela peut être un geste gentil, un soutien, un conseil, ou même simplement la présence d'une personne dans votre vie. En écrivant ces moments de gratitude, vous renforcez votre conscience de la bonté des autres et vous vous concentrez sur les aspects positifs de vos relations.

8.2.2 Exprimer sa gratitude verbalement

Prenez l'habitude de dire "merci" plus souvent. Que ce soit pour de petites choses comme quelqu'un qui vous tient la porte ou pour des gestes plus importants, exprimez votre gratitude verbalement. Prenez le temps de dire à quelqu'un combien vous appréciez ce qu'il a fait pour vous. Cela peut être aussi simple que de dire "merci" à votre partenaire pour avoir préparé le dîner ou à un collègue pour son aide sur un projet. Ces mots de gratitude renforcent les liens et créent une atmosphère positive autour de vous.

8.2.3 Écrire des lettres de gratitude

Prenez le temps d'écrire des lettres de gratitude à ceux qui ont eu un impact positif dans votre vie. Que ce soit à un membre de votre famille, un ami proche, un enseignant ou même un étranger qui a fait quelque chose de gentil pour vous, écrire une lettre de gratitude est une façon puissante de reconnaître leur importance dans votre vie. Prenez le temps de décrire en détail ce que vous appréciez chez eux et comment ils ont influencé positivement votre vie. Vous pouvez choisir de leur envoyer la lettre ou simplement la garder pour vous, mais l'acte d'écrire cette lettre est en soi une pratique de gratitude significative.

8.2.4 Faire des actes de gentillesse

Une autre façon de pratiquer la gratitude envers les autres est de faire des actes de gentillesse. Prenez l'initiative d'aider quelqu'un, de faire un geste attentionné ou de rendre service à une personne dans le besoin. Cela peut être aussi simple que d'offrir votre aide à un voisin, de donner un cadeau surprise à un ami ou de faire du bénévolat dans votre communauté. Ces actes de gentillesse sont une façon de montrer votre gratitude envers les autres en passant à l'action.

8.2.5 Participer à des cercles de gratitude

Rejoindre un cercle de gratitude est une excellente façon de partager et de cultiver la gratitude envers les autres. Ces cercles sont des groupes de personnes qui se réunissent régulièrement pour exprimer leur gratitude et partager leurs expériences positives. Cela crée une atmosphère de soutien et de bienveillance où chacun peut se sentir écouté et apprécié. Participer à un cercle de gratitude vous permettra de renforcer votre pratique de gratitude envers les autres et de vous connecter avec des personnes partageant les mêmes valeurs.

La pratique de la gratitude envers les autres est une façon puissante de cultiver le bonheur intérieur. En exprimant notre gratitude, nous renforçons nos relations, créons une atmosphère positive autour de nous et développons un sentiment de connexion et de reconnaissance envers les autres. Essayez ces pratiques de gratitude dans votre vie quotidienne et observez les bienfaits qu'elles apportent à votre bonheur et à celui des autres.

8.3 Les bienfaits de la gratitude envers les autres sur notre bonheur

La gratitude envers les autres est une pratique puissante qui peut avoir un impact significatif sur notre bonheur intérieur. Lorsque nous exprimons notre gratitude envers les autres, nous cultivons un sentiment de reconnaissance et d'appréciation qui peut transformer notre perspective et notre état d'esprit. Dans cette section, nous explorerons les nombreux bienfaits de la gratitude envers les autres sur notre bonheur.

8.3.1 Renforcement des relations

Exprimer notre gratitude envers les autres renforce les liens que nous avons avec eux. Lorsque nous montrons notre reconnaissance, nous créons un sentiment de connexion et de proximité avec les personnes qui nous entourent. Cela peut renforcer nos relations et favoriser un environnement harmonieux et positif. En exprimant notre gratitude envers les autres, nous leur montrons que nous les apprécions et que nous sommes reconnaissants pour leur présence dans notre vie.

8.3.2 Amélioration de l'estime de soi

La gratitude envers les autres peut également avoir un impact positif sur notre estime de soi. Lorsque nous exprimons notre gratitude envers les autres, nous reconnaissons leur contribution et leur impact positif dans notre vie. Cela nous permet de reconnaître notre propre valeur et de développer une estime de soi plus positive. En reconnaissant les actions et les qualités des autres, nous nous rappelons également que nous sommes entourés de personnes qui nous soutiennent et nous apprécient.

8.3.3 Réduction du stress et de l'anxiété

La gratitude envers les autres peut agir comme un puissant antidote au stress et à l'anxiété. Lorsque nous nous concentrons sur ce pour quoi nous sommes reconnaissants chez les autres, nous déplaçons notre attention des aspects négatifs de notre vie vers les aspects positifs. Cela peut nous aider à réduire notre stress et notre anxiété en nous permettant de nous concentrer sur les aspects positifs de notre vie et de nos relations. En exprimant notre gratitude envers les autres, nous cultivons également un sentiment de confiance et de sécurité, ce qui peut contribuer à réduire notre niveau de stress.

8.3.4 Augmentation du sentiment de bonheur

La gratitude envers les autres est étroitement liée à notre sentiment de bonheur. Lorsque nous exprimons notre gratitude envers les autres, nous nous concentrons sur les aspects positifs de notre vie et de nos relations. Cela peut nous aider à cultiver un état d'esprit positif et optimiste, ce qui peut contribuer à augmenter notre niveau de bonheur. En reconnaissant et en appréciant les actions et les qualités des autres, nous cultivons un sentiment de gratitude qui peut nourrir notre bonheur intérieur.

8.3.5 Cultivation de l'altruisme

La gratitude envers les autres peut également nous aider à cultiver l'altruisme. Lorsque nous exprimons notre gratitude envers les autres, nous reconnaissons leur impact positif dans notre vie et nous sommes motivés à faire de même pour les autres. Cela peut nous inspirer à être plus attentionnés, généreux et compatissants envers les autres. En cultivant l'altruisme, nous contribuons à créer un monde meilleur et à nourrir notre propre bonheur intérieur.

8.3.6 Renforcement de la positivité

La gratitude envers les autres nous permet de nous concentrer sur les aspects positifs de notre vie et de nos relations. En exprimant notre gratitude, nous nous entraînons à voir le bien dans les autres et dans le monde qui nous entoure. Cela peut renforcer notre capacité à trouver le positif même dans les moments difficiles et à cultiver une attitude positive face aux défis de la vie. En renforçant notre positivité, nous nourrissons notre bonheur intérieur et notre bien-être global.

En conclusion, la gratitude envers les autres peut avoir de nombreux bienfaits sur notre bonheur intérieur. En renforçant nos relations, en améliorant notre estime de soi, en réduisant le stress et l'anxiété, en augmentant notre sentiment de bonheur, en cultivant l'altruisme et en renforçant la positivité, la gratitude envers les autres peut être une pratique puissante pour une vie épanouissante. En exprimant notre gratitude envers les autres, nous créons un cercle vertueux de bonheur et de bien-être qui se propage à la fois à nous-mêmes et aux personnes qui nous entourent.